»Die Kunst, in den Köpfen der Menschen zu lesen und ihre geheimen Gefühle zu entwirren, ist ein Talent, über das ich schon immer verfügt habe und das mir so manches Mal gute Dienste geleistet hat.« Was Pierre Carlet de Marivaux hier eine seiner Romanfiguren sagen läßt, gilt ebenso für ihn selbst, nur daß seine analytische Sehweise im 18. Jahrhundert eher zu Ablehnung und Mißverständnis geführt hatte, da sie seiner Zeit weit voraus war.

Heute jedoch, nach Freud und Proust, ist die Lektüre seiner ebenso witzigen wie scharfsinnigen Beobachtungen der menschlichen Verhaltensweisen ein wahres Vergnügen. Seit einigen Jahren erlebt der Autor daher dank Neu- und Erstveröffentlichungen einiger seiner Prosawerke, dank Inszenierungen seiner Komödien auch auf deutschen Bühnen die verdiente Neuentdeckung.

»Wer war Marivaux? Ein Mensch, über den wir fast nichts, der über uns hingegen fast alles zu wissen scheint«, schrieb ein Kritiker, und in der Tat sind die biographischen Daten des Autors äußerst spärlich.

Doch ist sein Werk um so lebendiger. Er verfaßte es als ein Autor, »der sich in der Schule des Menschen geformt, aber nichts von den Lehren der Eigenliebe angenommen hat, das heißt von dem geheimen Bedürfnis der Schriftsteller, zu glänzen und zu gefallen«. Er stellte Betrachtungen an über alle Themen des menschlichen Zusammenlebens, die uns noch heute in gleichem Maße beschäftigen: über Liebe, Ehe, die Benachteiligung der Frauen, über Kindererziehung, die ungerechte Verteilung der materiellen Güter ...

insel taschenbuch 2223

Pierre Carlet de Marivaux

Die Kunst, in den Köpfen der Menschen zu lesen

Pierre Carlet de Marivaux

»Die Kunst, in den Köpfen der Menschen zu lesen«

Ausgewählte Texte

Herausgegeben und aus dem
Französischen übersetzt
von Gerda Scheffel

Insel Verlag

Für Susanne

insel taschenbuch 2223
Erste Auflage 1998
Insel Verlag Frankfurt am Main und Leipzig 1998

Quellennachweise und Hinweise zu dieser Ausgabe am
Schluß des Bandes
Vertrieb durch den Suhrkamp Taschenbuch Verlag
Umschlag nach Entwürfen von Willy Fleckhaus
Druck: Nomos Verlagsgesellschaft, Baden-Baden
Printed in Germany

1 2 3 4 5 6 – 03 02 01 00 99 98

Inhalt

Die Kunst, in den Köpfen der Menschen zu lesen
und ihre geheimen Gefühle zu entwirren,
ist ein Talent, über das ich immer verfügt habe
und das mir so manches Mal
gute Dienste geleistet hat.

(Der Bauer als Emporkömmling)

Vorwort

»Es muß nun mal ein Vorwort geben«, läßt Marivaux den fiktiven Verfasser der *Kutsche im Schlamm* behaupten; »ein gedrucktes, gebundenes Buch ohne Vorwort, ist das ein Buch? Nein, ganz ohne Zweifel, es verdient noch gar nicht diesen Namen; es ist nur eine Art Buch, ein Buch ohne Diplom, ein Werk, das als Kandidat danach strebt, ein Buch zu werden, doch das dieses Namens erst mit dieser letzten Formalität wirklich würdig ist. Jetzt erst ist es vollständig: ob es geistlos ist, mittelmäßig, gut oder schlecht, mit seinem Vorwort trägt es den Namen Buch an alle Orte, zu denen es läuft.«

Das war im Jahr 1713. Heute würde der vorliegende Band sicher auch ohne Vorwort den Namen Buch verdienen, »ob gut oder schlecht«, – dennoch soll es eines haben. Denn wenn der Autor Marivaux, dessen Texte hier vorgestellt werden, auch in den letzten Jahren dank vieler Theateraufführungen und der Veröffentlichung einiger seiner Werke aus dem Dunkel herausgetreten ist, in dem er bis dahin verborgen war, so ist er doch noch nicht so bekannt, daß einige einführende Worte ganz und gar überflüssig wären.

Zunächst zu seinem Leben. Das ist sehr still verlaufen, und die Dokumente, die es veranschaulichen könnten, sind so spärlich wie selten bei einem Autor der neueren Zeit. Hier die dürren Fakten: Als Sohn eines mittleren Beamten 1688 in Paris geboren, verlebte er seine Jugend in Riom, einer kleinen Stadt der Auvergne, und studierte in Paris die Rechte. 1717 heiratete er eine fünf Jahre ältere Frau, Colombe Bologne, die einige Monate später eine Tochter zur Welt brachte und 1723 starb. 1720 hatte der Autor sein gesamtes Vermögen in der berüchtigten Law-Affäre verloren, einem Finanzskandal, der ganz Frankreich an den Rand des wirtschaftlichen Ruins gebracht hatte. Von nun an war er gezwungen, von der Schriftstellerei zu leben. Wahrscheinlich erhielt er jedoch eine Unterstützung vom König. 1743 wird Marivaux Mitglied der Académie Française, 1763 stirbt er nach längerer Krankheit in Paris.

So wenig Marivaux durch seine Biographie eine Kontur gewinnt, so lebendig ist er in seinen Werken präsent. Denn das Merkwürdige ist: obwohl der größte Teil dieser Werke von ganz verschiedenen fiktiven Ichfiguren geschrieben ist – Alten und Jungen, Frauen und Männern –, die alle ihre eigene Sprache haben, so daß es sehr anmaßend wäre, willkürlich bei einer von ihnen zu behaupten: Hier spricht der Autor, erkennt der aufmerksame Leser hinter ihnen dennoch deutlich den Menschen Marivaux, von dem Louis Jouvet sagte: »Seine Klarsicht macht ihn grausam, doch in seinem ganzen Werk steckt eine zärtliche Liebe zur Menschheit.«

Der vorliegende Band ist aus dem Wunsch entstanden, diesen Autor in seiner ganzen Vielfalt vorzustellen, von den frühen Romanen über die publizistischen Schriften, die beiden Romane der mittleren Schaffensperiode und die Komödien bis zu den Spätwerken. Gleichzeitig aber soll der Leser durch die Texte auf unterhaltsame Weise zum Nachdenken angeregt werden. »Ich schreibe so, als redete ich mit euch«, hatte der Autor erklärt und alles dazu getan, daß dieses Gespräch uns Vergnügen bereitet. Es mag manchen Leser verwundern, daß die stets als »typisch deutsch« charakterisierte Ansicht, Ernstes und Heiteres dürfe man nicht vermischen, da bestünde ein tiefer Graben, bereits vor 250 Jahren in Frankreich die Gemüter erregt hatte und Marivaux zu ihren bekanntesten Opfern zählte. Das Verdikt seiner Zeitgenossen, er sei zu leichtgewichtig, weil er zu »liebenswürdig« sei, hatte ihn tief getroffen – eine Anekdote erzählt, er habe das Wort »aimable« gehaßt, weil selbst anläßlich seiner Aufnahme in die Académie Française sein liebenswerter Charakter gerühmt wurde. An vielen Stellen seines Werkes hat er sich dagegen verteidigt. So etwa, wenn in den *Abenteuern des jungen Brideron* der närrische Phokion gelassen erklärt: »Auch der Weise darf mit Murmeln spielen«, oder es in dem auf Seite 70 zitierten Text *Über den Vorzug dicker Bücher* ironisch heißt: »Eine sehr merkwürdige Moral, die auf angenehme Weise lehrreich ist.« In dem Essay *Betrachtungen über den menschlichen Geist, angeregt durch Corneille und Racine* befaßte Marivaux sich ausführlich mit dem Thema und schrieb etwas bitter, wahrscheinlich in bezug auf seine eigene, nicht sehr erfolgreiche literarische Karriere: »Es liegt wenig Würde darin zu gefallen: das ist zwar ein sehr liebenswertes Verdienst, aber im allgemeinen kein sehr geachtetes. Es gibt sogar Leute, die es für unter ihrer Würde halten, sich mit einem Geisteswerk zu befassen, das gefällt; sie verachten es deshalb als oberflächlich.«

Diese Meinung hat die Marivaux-Rezeption nicht nur in früherer Zeit verstellt, auch heute noch gibt es namhafte Kritiker, die in Marivaux' »Métaphysique du cœur« nicht mehr als »das Zirpen einer Grille am Rande des großen Blätterwaldes« hören.

Vielleicht sollte man ihnen bessere Ohren wünschen, denn die klaren, kräftigen Töne des Psychologen, der die Kunst verstand, »in den Köpfen der Menschen zu lesen«, und die ebenso deutlichen des Moralisten, der nicht müde wurde, die Menschen auf ihre Torheiten hinzuweisen, sind anders nicht zu überhören. Um einem Mißverständnis vorzubeugen: Moralist in der französischen Tradition ist ein Autor, »der über die Sitten und Gebräuche der Menschen schreibt«, sie also als Beobachter darstellt, nicht aber sie als Richter wertet.

Den Menschen beobachten, das heißt zunächst einmal sich selbst, hatte hundertfünfzig Jahre zuvor bereits Montaigne in seinen Essays unternommen und uns damit zu faszinierenden Einsichten verholfen. Doch Marivaux geht über die Ergründung des eigenen Ich hinaus: Er denkt über den Menschen nicht als isoliertes Individuum nach, sondern stets in seiner Eigenschaft als Teil der Gesellschaft. Bei ihm gibt es kein »Ich und die andern«, wie es später Stendhal seinen Julien Sorel empfinden läßt, sondern seine realistische Feststellung heißt: »Wir brauchen uns alle gegenseitig«, und jeder einzelne ist für das Funktionieren dieser Gesellschaft verantwortlich. In der *Betrachtenden Prosa* läßt er einen »Unbekannten« fragen:

»Was verlangen die Menschen von mir? Was verlange ich von ihnen? Welches ist die Aufgabe, die ich am dringendsten ihnen gegenüber erfüllen muß? Welches diejenige, die sie mir gegenüber am dringendsten erfüllen müssen? ... Sei gut und tugendhaft zu mir, sagt mir jeder beliebige Mensch. Sei du ebenso zu mir, sage ich meinerseits zu ihm; alle unsere Stimmen bilden dabei ein einziges Echo ... Was ich vernünftigerweise von einem andern erwarte, lehrt mich, wenn er es nicht tut, was ich für ihn tun muß; das ist das ganze Wissen, um das es geht, das einzige, das nötig ist, es ist allen Menschen zugänglich und erfordert fast kein Studium. Allerdings ist seine Ausübung schwierig.«

Ein Gedanke, der immer wiederkehrt: um ein nützliches Glied der Gesellschaft zu sein, muß man keine Studien betrieben haben, aber es kostet Überwindung und Anstrengung. Als guter Menschenkenner weiß Marivaux sehr genau, wie schwer es ist, diese Anstrengung zu leisten. »Seit vierzig Jahren schon übe ich das Gewerbe des Philosophen aus und bekämpfe meine Schwächen«, bekennt er, »und trotzdem bin ich meiner nicht sicherer geworden; mein Zustand gleicht der Gesundheit eines Genesenden, ein Nichts genügt für einen Rückfall.«

Wenn der Autor in diesem Zusammenhang von »Philosoph« spricht, meint er nicht den »Hersteller von Denkgebäuden«, dessen Betrachtungen nur dazu dienen, »die Beweise für unsere unüberwindbare Unwissenheit zu vermehren«, sondern den Menschen, der sich in der Gesellschaft nicht dank seiner Ellenbogen behauptet, sondern dank seiner Einsichten und seiner Menschenkenntnis. Und zu diesem Philosophen möchte Marivaux uns machen, so wie er es in der *Wahren Welt*, dem letzten Teil der *Betrachtenden Prosa* erklärt, nachdem ihr fiktiver Verfasser vorgeschlagen hat, für uns »die Masken der Menschen zu lüften«.

»Ihr dürft nicht glauben, ihr würdet die Menschen hassen und sie meiden, wenn ihr sie kennenlernt.

Nein, diese böse Laune überkommt nur jene, die im Laufe ihres Lebens täglich schmerzvoll sehen, daß die Menschen sie täuschen; die von diesem Schmerz zur Entrüstung übergehen und von dieser Entrüstung zum Haß, der sie schließlich geradenwegs zu einer Menschenverachtung führt, in der sie traurig ihr Leben beenden, als wollten sie sich selbst für das Unrecht bestrafen, das die andern ihnen angetan haben.

Das ist nicht vernünftig, und das wird euch auch nicht passieren. Ich werde euern Geist unterrichten, ohne euer Herz zu bekümmern; ich werde euch Einsichten verschaffen und keinen Verdruß; ihr werdet zum Philosophen und nicht zum Menschenfeind. Und der Philosoph haßt weder die Menschen noch meidet er sie, obwohl er sie kennt; so kindisch ist er nicht.«

Sollten wir nicht die Chance nutzen?

Gerda Scheffel

Obwohl Marivaux' frühe, vorwiegend parodistische Romane mit ihrer Fülle von phantastischen Abenteuern und farbigen Gestalten, mit ihrem derben bäurischen Witz bis heute nichts von ihrem Reiz verloren haben, sind sie selbst in Frankreich noch immer weitgehend unbekannt. Wie die folgenden Textauszüge zeigen, hat man bei oberflächlicher Lektüre Mühe, den draufgängerischen Fabulierer mit dem präzisen Menschenbeobachter der späteren Jahre in Übereinstimmung zu bringen, der den »selbstauferlegten Zwang des Autors zu erfinden« kritisierte und folgerte: »deshalb bin ich auch kein Autor«, oder behauptete: »Ich bin nicht schöpferisch.«

Dennoch sind in Marivaux' Jugendwerk zumindest zwei seiner Hauptthemen schon deutlich fixiert: zunächst seine Revolte gegen die »sterilen Gesetze der Kunst« und sein Bemühen, »verborgene Gefühle« durch Sprache erkennbar zu machen.

Bereits auf der ersten Seite seines ersten Werkes, im Vorwort zu *Les aventures de *** ou les effets surprenants de la sympathie* erklärte der junge Marivaux, der Verfasser dieser Abenteuer habe sie für eine Dame verfaßt, die er liebe und unterhalten wolle und die, »wie das ganze schöne Geschlecht, mit diesem fast immer ebenso edlen wie empfindsamen verborgenen Gefühl geboren« sei, »das allein über die falschen oder wahren Regungen des Herzens vernünftig urteilen läßt«. Er fuhr fort: »Diesem Geschmack, diesem von den sterilen Gesetzen der Kunst unabhängigen Gefühl hat der Autor versucht, die Sprache und die Handlungen seiner Personen anzupassen. Er will seiner Angebeteten, ja dem ganzen weiblichen Geschlecht gefallen. Damit ihm das gelingt, hat er versucht, die Natur nachzuahmen und sie als Vorbild zu nehmen.«

Dieser künstlerische Anspruch, dem der Autor trotz aller Anfeindungen seiner Zeitgenossen bis in sein Alterswerk treu blieb, hat das bekannte Mißverständnis des »Marivaudage« provoziert. Erst in jüngster Zeit hat man die Größe seines Stils erkannt, und vielleicht erfaßt ihn die Definition von Frédéric Deloffre, dem zuverlässigen Herausgeber seiner Werke, am genauesten, die lautet: »Eingestehen, was man nicht einmal sich selbst eingestehen will, ausdrücken, was bis dahin niemandem auszudrücken gelang, das sind die beiden Grundaspekte des Marivaudage.«

Auch Marivaux' Konzeption von dem großen Thema Liebe finden wir unmittelbar am Anfang seines Werkes. Der erwähnte Roman beginnt mit dem Satz: »Von allen Leidenschaften, die den Menschen handeln lassen, ist die Liebe stets die stärkste und allgemeinste gewesen«. Und nachdem der fiktive Verfasser die Wirkungen einiger Leidenschaften beschrieben hat, fährt er fort: »Mächtiger als alle diese Leidenschaften hat allein die Liebe deren gesamte Wirkungen. Sie läßt die Menschen von ihrem Charakter abweichen, schenkt ihnen Tugenden, die die Natur ihnen versagt hat, stößt sie in Verbrechen, die sie mit Abscheu betrachtet hatten; sie verwandelt sie sozusagen. Selbst das so sittsame Geschlecht gerät durch die Liebe an Grenzen, von denen die Schwäche seines Temperaments es scheinbar fernhält. Kurz, die Liebe macht zu allem fähig: Klugheit, Einsicht, Pflicht, Dankbarkeit, alles wird geopfert, wenn sie sich unseres Herzens bemächtigt hat.«

Neben diesen beiden Hauptthemen sind es noch andere, im späteren Werk immer wiederkehrende Themen, die in dem Jugendwerk bereits angeschlagen sind. Etwa Marivaux' Anspruch, bei allem Vergnügen, das die Lektüre seines Werkes bereiten soll, den Leser zum Nachdenken zu bringen. Im Vorwort zu den *Abenteuern des jungen Brideron* schreibt er: »... Worauf ich antworte, daß jeder seine eigene Art hat, die Dinge darzustellen, und daß jede gleichermaßen lobenswert ist, sofern sie gleichermaßen lehrreich ist.« Und einige Sätze später: »Ich bringe euch auf den Weg des Nachdenkens, das genügt.« Oder seine Einstellung zur Toleranz, wenn es im »Homer travesti« heißt: »Ich gehöre nicht zu jenen, die die Ware ihres Nachbarn schlecht machen, um die eigene zu verkaufen.«

Und bereits im Frühwerk begann Marivaux, sich gegen seine Kritiker zu verteidigen, die Zeit seines Lebens – und darüber hinaus – nicht müde wurden, sich über die seltsame Mischung von Banalitäten und Subtilitäten in seinen Werken zu erregen.

Vielleicht macht das folgende Zitat aus dem Roman *Pharsamon ou Les nouvelles Folies romanesques* (1712) deutlich, weshalb der Autor ein Einzelgänger bleiben mußte zu einer Zeit, da seine Zunftgenossen noch weit entfernt vom Realismusverständnis eines Flaubert waren.

»Wie, Herr Leser, weil in dieser Geschichte Äpfel, Spatzen und spielende Kinder vorkommen, schließt Ihr, daß sie langweilig ist? Es sind nicht die Gegenstände, die eine Geschichte verderben, und ein ernsthafter Historiker, der vom Untergang eines Reiches erzählt und dabei hunderttausend Mann zur Schlacht gegeneinander aufmarschieren läßt, die eine Seite siegen läßt und gleichzeitig von der Niederlage der andern berichtet, dieser Historiker langweilt oft nicht weniger als es die schlichte Darstellung zweier Kinder tun kann, die mit verbundenen Augen Fangen spielen. Immer ist die Art und Weise des Erzählens die einzige Ursache des Vergnügens oder der Langeweile, die eine Geschichte hervorruft, und die Naivität der beiden Kinder wird, wenn sie gut dargestellt ist und in angemessenem Verhältnis zu den behandelten Themen steht, den Geist nicht weniger erfreuen als der schöne Bericht eines großen, tragischen Ereignisses, der ihn erheben könnte: ein Apfel ist nichts; Spatzen sind nur Spatzen; aber jedes Ding ist in der Bedeutungslosigkeit seines Themas zu Schönheit fähig, kann Vergnügen bereiten: es geht nur noch um die Art seines Unterschieds. Daher ist es falsch zu sagen, daß eine Bäuerin, welches auch ihre Züge sein mögen, nicht schön sei und nicht gefallen könne, nur weil sie nicht von dem Prunk umgeben ist, der zu einer großen, schönen Prinzessin gehört.«

Die Kutsche im Schlamm

Der kleine Roman *Die Kutsche im Schlamm* stammt von 1714. Wie der Titel bereits vermuten läßt, ist eine Kutsche im Schlamm steckengeblieben, und die Mitreisenden vertreiben sich die Zeit bis zur Weiterfahrt mit Erzählen. Doch im Gegensatz zu den bekannten Mustern erzählt nicht jeder der fünf Reisenden eine eigene Geschichte, sondern sie verfassen einen sogenannten Stegreifroman: einer beginnt, und die andern setzen die Geschichte nach eigener Vorstellung und im eigenen Stil fort. Das führt zu verblüffenden Brüchen und gibt gleichzeitig amüsante Aufschlüsse über den jeweils Erzählenden. So läßt etwa eine attraktive Dame mittleren Alters ihrer von ausführlicher Romanlektüre verbildeten, üppig wuchernden Phantasie freien Lauf und schildert die Abenteuer eines jungen Mannes, dem ein Prinz während seiner Abwesenheit das ihm versprochene Mädchen entführt hat – durchaus mit deren Einwilligung. Die Geschichte ist sehr gefühlvoll und die Schilderung der Liebe zwischen dem Prinzen und der Dorfschönen höchst ergreifend. Doch als die Reihe am galanten Schöngeist ist, gibt dieser ihr rasch eine pervers-sadistische Wendung. Er berauscht sich förmlich an der Beschreibung von Folterungen, Qualen und durch Zauberkünste gestillter Lust, bis die Tochter der Romantikerin dem etwas verwirrenden Treiben ein jähes Ende setzt. Sie zieht die Geschichte in ihre eigene Erlebniswelt und stellt Abenteuer und Liebe so dar, wie sie sie selbst empfindet: gemischt mit Angstgefühlen und Banalität ...

Aber noch ist es nicht soweit: vor dem Erzählen brauchen die Reisenden ein schmackhaftes Essen und etwas Gutes zu trinken, doch an beidem fehlt es in dem Gasthaus, in dem sie Zuflucht gefunden haben. Einer von ihnen hat einen Plan, den er den anderen mitteilt.

»Hören Sie zu, meine Herrschaften: ich nehme an, daß es hier zur Ehre des Dorfes eine Kirche gibt, und infolgedessen einen Pfarrer; vielleicht hat dieser Pfarrer in seinem Haus etwas Gutes zu essen, und sein Wein ist besser als unserer: ich bin also der Meinung, wir sollten ihn aufsuchen, das heißt, einer der Herren und ich, und ihm unsere mißliche Lage erklären: und so ...« »Das ist sehr gut«, unterbrach ihn der Schöngeist, »wir werden ihn beide gemeinsam bitten. Ich werde ihm von den Damen erzählen, von dem Schmutz und Schlamm, durch den sie waten mußten, von dem erbarmungswürdigen Zustand ihrer Schuhe und Strümpfe; danach werde ich ihm unser Mahl beschreiben, das Tischtuch auf einem von vier Holzblökken gestützten Brett ausbreiten, ich werde die tristen Speisen darauf stellen, mit denen man unsere Erschöpfung zu laben versucht hat und werde ihm unsere Bestürzung in so rührender Weise darstellen, daß dem guten Pfarrer und seiner Haushälterin die Tränen kommen werden: und verlassen Sie sich auf mich, ich verspreche, sein Mitgefühl für uns zu nutzen.«

Mit diesen Worten ergriff der Schöngeist, ohne auf eine Antwort zu warten, den Finanzier am Arm, und beide stiegen die Treppe hinunter, wobei ein Sohn der Wirtin ihnen mit etwas brennendem Stroh leuchtete. Der Einfall des Schöngeistes erschien uns nutzlos; es war elf Uhr abends und die Aussicht war gering, daß der Pfarrer eines kleinen Dorfes um diese Zeit nicht schnarchend in seinem Bette lag; es sei denn, seine Lektüre hätte ihn ausnahmsweise wachgehalten. Doch das Glück, das uns so mißhandelt hatte, war uns bei dieser Gelegenheit hold: der Finanzier und der Schöngeist trafen den Herrn Pfarrer mit zwei Bürgern seines Dorfes noch bei Tisch, die Zahl der bereits geleerten Flaschen hatte sie in einen sehr fröhlichen Geisteszustand versetzt. Sie vergnügten sich als ehrbare Leute, beleuchtet von einer Kerze in einem zwei Fuß hohen

Leuchter, deren Docht sie von Zeit zu Zeit mit ihren Fingern schneuzten; sie waren beim Nachtisch, einem dicken Stück Käse, dessen etwas kräftiger Geruch schon von weitem anzeigte, mit welcher Art Gerichten man sich in dem Zimmer delektierte. Unsere beiden Abgesandten überraschten die Haushälterin des Herrn Pfarrers, die in der Küche gerade ihr Brot mit einer dicken Speckschwarte einrieb. Es war eine Jungfer von ungefähr sechzig, die sich seit zehn Jahren bei dem Herrn Pfarrer verdingt hatte, um in der Ordnung seines Haushalts einen sicheren Schutz gegen die Versuchungen der Ehe zu finden. Rechts von ihr stand ein Schemel, der ihr als Tisch diente und auf den sie ihren Speck und ihr Brot legte, nachdem sie ein kräftiges Stück davon abgebissen hatte; links stand eine Bank von ungefähr drei Fuß Länge, auf der die Utensilien für ihre bescheidene Toilette lagen; sie bestanden aus zwei großen Kämmen, deren ursprünglich gelbe Farbe Alter und Haare ganz in Schwarz verwandelt hatten.

So sah es aus, als unsere Abgeordneten erschienen. Die Haushälterin aß und kämmte sich gleichzeitig für die Nacht. Ihre Haare waren aufgelöst. Bei dem Lärm, den die beiden mit ihrem Klopfen an die Tür machten, band sie sie rasch mit einer Art Strick zusammen; ein paar eiserne Haarnadeln, die sie zwischen den Zähnen und in den Fingern hielt, ließ sie vor Angst fallen, dermaßen hatten unsere zudringlichen Klopfer zu so ungehöriger Stunde ihre Züchtigkeit erschreckt. »Wer ist da?« rief sie beklommen. »Ehrliche Leute«, antwortete ihr der Schöngeist, »die gern den Herrn Pfarrer sprechen möchten.« »Wenn es ehrliche Leute sind«, erwiderte sie,»dann ist es Gottes Wille. Was wollt Ihr von ihm?«

»Das können wir besser erklären, wenn Ihr uns aufgemacht habt«, sagte der Schöngeist.

»Hier kommt man nicht herein wie in eine Scheune«,

antwortete sie. »Wartet an der Tür, ich will den Herrn Pfarrer holen.«

Nach diesen Worten ging sie hinauf und trat ins Eßzimmer. Ohne darauf zu warten, daß sie den Mund aufmachte, wischte einer der Zecher rasch mit einem Serviettenzipfel sein Glas aus, hielt es ihr mit Wein gefüllt hin und sagte: »Hier, zum Teufel, führt Euch das zu Gemüte, Madame Nanon, das ist besser wie Medizin.« Madame Nanon hatte gerade den Mund öffnen wollen, um dem Herrn Pfarrer mitzuteilen, was sich unten ereignet hatte, als das ihr so galant offerierte Glas Wein ihn verschloß. »Möge es mir gut bekommen und Euch auch«, sagte sie und gab es Monsieur Mathurin zurück; so hieß jener, der ihr den Wein gegeben hatte. Danach begann Madame Nanon mit ihrer Rede; sie war bei den ersten Worten, als ein Stück Brot und Käse sie wiederum die Hand ausstrecken und verstummen ließen. »Das Öl allein tut's nicht«, sagte ein gewisser Meister Blaise, der ihr das Geschenk gemacht hatte, »man braucht auch den Docht, Madame Nanon.« Inzwischen erwarteten unser Schöngeist und der Finanzier voller Ungeduld den Herrn Pfarrer; doch niemand kam: sie schlugen also mit den Fäusten so heftig gegen die Tür, daß der Lärm bis ins Eßzimmer zu hören war.

»Was bedeutet das, Nanon?« fragte der Herr Pfarrer.

»Ach du meine Güte«, antwortete die Gefräßige, »ich habe meinen Auftrag ganz vergessen; das sind Leute, die Menschenstimmen haben und mit Ihnen reden wollen, Herr Pfarrer.«

»Was willst du damit sagen, sie haben Menschenstimmen?« fragte der Seelenhirt, der nichts von dieser Rede verstand.

»Ei ja«, versetzte Nanon, »ich kann nur sagen, was ich weiß: ich weiß nicht wirklich, ob es Menschen sind, aber sie reden so.«

»Verdammt, vielleicht sind es Geister«, sagte Meister

Blaise. »Wir werden hinuntergehen und sie anhören, aber nicht mit ihnen sprechen.«

»Das ist ein guter Gedanke«, erwiderte der Pfarrer.

»Tun wir vorsichtig gehn«, sagte Mathurin, »wo ist der Weihwasserkessel, damit daß ich mich bekreuzigen kann.«

»Aber, aber«, entgegnete der Seelenhirt mit einer Stimme, die der gute Rotwein belebt und mutig gemacht hatte, »ich glaube nicht an Geister, und ich habe oben auf meinem Dachboden Bücher, die schöne Sachen darüber sagen, an die ich mich nicht mehr erinnere. Ihr braucht aber keine Angst zu haben, wenn ich dabei bin. Selbst wenn zwanzig Regimenter davon vor meiner Tür stünden, ich würde ihnen die Stirn bieten; sie werden sich nicht an uns vergreifen.«

Nach diesen Worten hörte man es wieder klopfen.

»Gottverdammt«, sagte Mathurin, »da tut was dahinterstecken, was nicht natürlich ist, die Bücher auf Euerm Dachboden wissen auch nicht alles, Herr Pfarrer, und wir tun eine Überraschung erleben, hol's der Teufel.«

»Psst, Meister Mathurin«, sagte der Herr Pfarrer, »schwatzt nicht so viel, folgt lieber Nanon, die uns mit der Kerze leuchten wird; Meister Blaise geht hinter Euch und ich mache den Schluß.«

»Oh«, sagte Blaise, »wir sind hier verdammt nicht bei der Prozession, das ist eine andere Sache, zeigt uns den Weg, weil daß Ihr so beherzt seid.«

»Seht mal an«, sagte die Nanon darauf, »Ihr seid beide sehr komisch; wenn euch die Geister mitnehmen, ist das kein großer Schaden, dem Dorf geht es darum nicht schlechter; aber die Person vom Herrn Pfarrer hat Wichtigkeit.«

»Oh, von mir aus kann sie Wichtigkeit haben, so viel sie will«, sagte Blaise kurz angebunden, »hier gilt keine Wichtigkeit, verdammt und zugenäht, die Haut von

Herrn Pfarrer ist aus keinem andern Stoff wie meine, rette sich wer kann!«

»Na, na«, sagte begütigend Meister Mathurin, »tut euch nicht streiten, ich mach' euch einen Vorschlag: wir tun alle zusammen runtergehn; und wenn wir unten sind, tut die Nanon ganz alleine mit denen, wo so klopfen, durch die Tür reden, so ist es vernünftig. Ihr seid alt, Madame Nanon, Euerm Leben trauert man nicht so nach wie unserm, weil wir jünger sind; jetzt muß man seinen Nächsten lieben und etwas für ihn tun, wo man für nichts mehr nütze ist.«

»Beim heiligen Johannes und seinem Haupte«, antwortete die Nanon wutentbrannt, »ich bin noch nütze genug, um Euch den Leuchter hier über den Schädel zu schlagen; seht euch doch den frechen Kerl an, ich soll für nichts mehr nütze sein; Ihr braucht nur wieder damit anzufangen wie heute morgen und mich mit Liebesgeschichten in Zorn zu bringen; wenn ich nicht gleich einen Besenstiel nehme und Euch das Maul stopfe, dann will ich nur noch nütze sein, um an der Decke zu hängen wie 'ne Speckseite.«

»Der Vergleich ist gut«, sagte Mathurin, »Ihr seid zwar nicht so fett wie 'ne Speckseite, aber genau so ranzig.«

»Herr Pfarrer«, schrie die Nanon, die sich etwas auf ihre Schönheit zugute tat, »wenn Ihr den Hahnrei da nicht rausschmeißt, mach' ich den Geistern die Tür auf, soll dann kommen was will.«

»Schon gut, schon gut«, antwortete der Pfarrer gemessen, der die größte Lust verspürte, für seine Haushälterin Partei zu ergreifen, doch den das Geld, das er sich von Mathurin borgen wollte, an dieser Absicht hinderte. »Schon gut. Bald ist Ostern, macht jetzt keinen Skandal, ich will als erster hinuntergehen und Ihr folgt mir, wenn Ihr wollt.«

Kaum hatte er diese Worte gesprochen, als der Lärm an der Tür von neuem begann, jedoch noch viel lauter als vorher. Man beeilte sich also, in die Küche hinunter zu kommen, der Pfarrer näherte sich der Tür, und die andern hielten sich etwas im Hintergrund.

»Zu wem wollt Ihr?« fragte der Pfarrer durchs Schlüsselloch.

»He, verdammt«, erwiderte der Schöngeist, den das lange Ausbleiben der Nanon hatte ungeduldig werden lassen, »zu wem wir wollen! Man sollte doch die Leute entweder wegschicken oder ihnen die Tür aufmachen, aber sie nicht so lange warten lassen; wir wollen den Herrn Pfarrer sprechen.«

»Was wollt Ihr von ihm?« fragte der Pfarrer immer noch durchs Schlüsselloch.

»Wir wollen ein Wort mit ihm reden«, antwortete der Finanzier, »öffnen Sie.«

»Redet nur, redet«, sagte der Pfarrer, »für ein Wort braucht man die Tür nicht aufzumachen.«

»Zum Teufel, ist das ein eigensinniger Pförtner«, schrie der Schöngeist, »sag uns, wo ist der Pfarrer?«

»Was wollt ihr mit ihm machen?« fragte wiederum der Seelenhirte, »wer seid ihr? seid ihr von hier? seid ihr auf Reisen? bittet ihr um Almosen? Wir werfen euch Brot aus dem Fenster.«

»So viele Fragen kann man nicht gleichzeitig beantworten«, sagte der Finanzier; »aber kennen Sie, Herr Pförtner, alle kleinen Kinder in Ihrem Dorf?«

»Was für eine Frage; ich kenne sie alle bei ihrem Taufnamen«, antwortete der Pfarrer.

»Der Herr Pfarrer kennt alle seine Pfarrkinder«, schrie da die Nanon aus dem Hintergrund; »die Großväter, die Onkel, die Vettern, die Neffen, die Frauen, die schwanger sind, und sogar die, die es nicht sind, und die Kinder; nur von denen, die noch nicht auf die Welt gekommen sind, von denen kennt er den Namen nicht.«

»Das läßt sich begreifen«, antwortete der Finanzier, der den Anlaß zu der originellen Antwort gegeben hatte. »Sie werden bald erfahren, wer wir sind. Geh', Anführer«, sagte er zu dem kleinen Sohn unserer Wirtin, der ihnen geleuchtet hatte, »erkläre ihnen ebenfalls durchs Schlüsselloch, wer wir sind, bei dir ist die Aussicht größer als bei uns, daß die Tür sich öffnet.«

Der kleine Junge ging zur Tür, er hatte die Stimme des Pfarrers sehr wohl erkannt.

»Sagt doch etwas, Herr Pfarrer«, sagte er.

»Wie, du bist es, Jacob«, rief der Seelenhirt.

»Oh ja, ich bin's, Herr Pfarrer«, sagte Jacob. »Die Herren sind gute Leute, sie haben bei uns zu Abend gegessen, ihre Kutsche ist in den Schlamm gerutscht und ihre Pferde sind auch lahm. Bei uns zu Hause sind noch zwei Frauen, die sich am Feuer wärmen. Sie sind sehr hübsch und fein angezogen, und die Herren sind mit Gold bestickt wie ein Meßgewand. Sie haben ein Omelett gegessen, Speck und Pellkartoffeln, und haben einen Krug von unserm Wein getrunken, und Ihr braucht nur mit ihnen reden, sie sagen Euch schon selbst, was sie wollen, weil sie bald nichts mehr sehen; ich habe ihnen mit Stroh geleuchtet, das hab' ich unterm Bett von unsrer Mutter geholt, und gleich ist es alle, ich schmeiß' es auf den Boden, wenn es mir die Finger verbrennt. He, während ich rede, hab' ich's schon nicht mehr; macht auf, Herr Pfarrer.« »Weißt du auch genau, was du da sagst?« fragte der Pfarrer. »Das weiß ich so genau, Herr Pfarrer«, erwiderte Jacob, »wie ich weiß, daß ich heute morgen den Fuchs gesehen habe, der ein Huhn aus Eurem Obstgarten geholt hat; ich habe Steine nach ihm geschmissen, aber er war schon auf und davon.«

»Die Pest soll das Huhn und den Fuchs holen. Der Wolf wird uns noch alle verschlingen, wenn der Herr Pfarrer uns hier stehen läßt«, erklärte der Schöngeist.

»Ich mache gleich auf«, erwiderte der Pfarrer. Und zur Nanon gewandt: »Da siehst du, was passiert, wenn du nicht aufpaßt, ich werde dir das Huhn von deinem Lohn abziehen.«

»Aber Herr Pfarrer«, rief die Nanon, »das ist doch ein kleines Lügenmaul, die Zahl eurer Hühner stimmt; wenn eines fehlt, werd' ich ein Hahn. Aber neulich hab' ich dem kleinen Lümmel ein paar Kopfnüsse gegeben, weil er Steine auf unser Dach geschmissen hat.«

»Das ist erlogen, mit Verlaub, Herr Pfarrer«, sagte Jacob, »das war Euer Großneffe, der hat eine Scheibe bei Euch eingeschmissen, und mich habt Ihr dafür geschlagen.«

»Barmherzigkeit, Herr Pfarrer«, rief der Schöngeist, »würden Sie uns bitte öffnen, dann haben Madame Nanon und Jacob alle Muße, ihren Streit auszufechten.«

»Auf, auf, gib endlich den Schlüssel«, sagte daraufhin der Pfarrer zur Nanon.

»Da ist er«, antwortete sie, »geht beiseite, damit ich aufmachen kann und dem kleinen Bastard ein paar Ohrfeigen verabreiche.«

Mit diesen Worten, die der kleine Bastard wohl vernahm, öffnete sie, aber er ergriff die Flucht. Der Schöngeist und der Finanzier umarmten den Herrn Pfarrer, der ihnen die Hände entgegenstreckte und sie um Verzeihung bat für die lange Zeit, die es gedauert hatte, bis ihnen geöffnet wurde.

»Wir sind sehr gut behandelt worden für Leute, die mit Geld in der Hand um Gefälligkeiten bitten«, sagte der Schöngeist. Und er berichtete die Einzelheiten unseres Abenteuers, beschrieb unser mageres Abendessen und verstand es so gut, den Herrn Pfarrer und seine Haushälterin zu gewinnen, daß sein Bericht, den er mit einem Taler in der Hand unterstützte, welchen er, wie man leicht sah, für das zahlen würde, was man ihm gab, daß also sein Bericht die allerbeste Wirkung erzielte.

Das Bilboquet

Unter allen unbekannten Werken Marivaux' ist *Das Bilboquet* sicher das unbekannteste. Nachdem die kleine Jugenderzählung Anfang des Jahres 1714 ohne jedes Echo erschienen war, blieb sie bis in unser Jahrhundert unauffindbar. Erst 1938 wurde ein Exemplar dieses in eine Allegorie gekleideten heiter-warnenden Gedankenspiels in einem Antiquariat entdeckt.

Zur Erklärung des Titels sei angemerkt, daß es sich hierbei um ein Spielzeug handelt, das aus einem gedrechselten, am oberen Ende in eine Spitze auslaufenden Stab besteht, an dem mittels einer Schnur eine Kugel befestigt ist. Diese Kugel hat ein Loch, das durch geschicktes Werfen auf die Stabspitze fallen muß. Daher auch der Name (bille = Kugel, boquet = kleiner Ziegenbock. Die Kugel wird »aufs Horn« genommen).

Nachdem das bereits Ende des 16. Jahrhunderts sehr beliebte Spiel wieder in Vergessenheit geraten war, gab man sich ihm zu Anfang des 18. Jahrhunderts mit einer solchen Besessenheit hin, daß selbst Schauspielerinnen auf der Bühne angeblich nicht von ihm ließen, während sie auf ihr Stichwort warteten. Heute hat es zwar an Interesse verloren, doch kann man in Frankreich noch immer in jedem größeren Spielwarengeschäft ein Bilboquet kaufen.

Hier schicke ich Ihnen, lieber Freund, das Produkt eines über das Bilboquet verärgerten Geistes, denn es hat mir tausend angenehme Momente gestohlen, die meine Geliebte mit Spielen verbrachte, statt sie mir bei süßen Gesprächen zu widmen. Sie können sich leicht vorstellen, mit welchen Gefühlen ein Liebender alles betrachtet, was sich seiner Leidenschaft in den Weg stellt. Zunächst schwor ich dem harmlosen Spiel insgeheim ewigen Haß; ich empfand eine solche Verärgerung dagegen, daß ich nur ein Bilboquet zu sehen brauchte, um die Flucht zu ergreifen. Eines Tages aber, als ich mich seinetwegen mit meiner Geliebten gestritten hatte, entledigte ich mich meiner ganzen Galle und erleichterte meinen durch das unheilvolle Spiel verursachten Schmerz durch die kleine Geschichte, die Sie jetzt lesen werden und die ich der Nachwelt widme.

Es war einmal ein Land in einem Gebiet der Erde, in dem auch Europa liegt. Die Liebe, der Verstand und die Vernunft schienen sich übereinstimmend dieses Land als ihren Ruhesitz gewählt zu haben. Vor allem die Liebe verehrte man in keiner anderen Gegend durch einen höflicheren oder umfassenderen Kult: der Verstand und die Vernunft überboten sich, um mit ihren Gaben die Untertanen der Liebe zu überschütten, doch hatten sie auch eine unendlich große Zahl eigener Untertanen. Kurzum, sie regierten dort alle drei, als ein Unglück den Triumph störte, den sie über die unwissenden, törichten Gottheiten davongetragen hatten: die Torheit, die Dummheit und die Borniertheit. Vor allem die Torheit ist aufsässig und widerspenstig. »Was denn«, sagte sie, »soll ich ohne Ansehen bei einem Volk sein, das mich früher wie alle andern verehrte? Sollen meine Feinde über die ganze Macht triumphieren, die ich von Natur aus über den Geist der Menschen habe? Nein, nein, ihr Göttinnen der Borniertheit und der Dummheit, vereint euch mit mir, denn ihr erleidet das gleiche Schicksal.« »Ach!«, entgegnete die Dummheit, »was soll man machen, ich weiß mir da nicht zu helfen.« »Und ich«, sagte die Borniertheit, »ich bin der Meinung, wir sollten uns damit abfinden: wir herrschen in so vielen anderen Ländern!« »Was fällt euch ein!«, rief die Torheit, »das würde bedeuten, wenn ihr heute aus einem Land verjagt werdet, flieht ihr in ein anderes, bis ihr am Ende der Welt anlangt! Wenn ihr euch nicht kräftig tummelt, wird euch das unweigerlich passieren, Verstand und Liebe vereint, und von der Vernunft noch unterstützt, sind schreckliche Feinde. Die Nachahmung, die sie an ihre Belange gebunden haben, gewinnt ihnen täglich neue Untertanen. Der Kult, mit dem man euch bei den anderen Nationen verehrt, kommt bereits ins Wanken, sie erröten darüber, daß sie euch in ihrem Land behalten; lieber werde ich meine Unsterblichkeit verlieren, als daß ich geduldig die mir zugedachten augenblicklichen und zukünftigen Ärgernisse erdulde. Folgt mir, wenn ihr wollt, ich übernehme ganz allein die Niederlage meiner Feinde, denn dieser rühmenswerte Mut ist meiner würdig, die Torheit sollte nur gewaltsame Entschlüsse fassen, darin unterscheide ich mich von der Vernunft, meiner Feindin.«

»Na, na, erregen Sie sich nicht«, sagte daraufhin die Dummheit, »wir folgen Ihnen, die Borniertheit und ich.«

»Ich zähle auf euch«, antwortete die Torheit, »aber unternehmt keine Schritte ohne mich, laßt mich euch anleiten, es wird euch nicht an Beschäftigung fehlen.«

Kaum hatten die drei Gottheiten ihr Gespräch beendet, als die Göttin Galanterie vor ihnen erschien. Jedoch war es, liebe zukünftige Neffen, nicht die richtige Galanterie, die Tochter des Geistes; denn ihr müßt wissen, daß es zwei Göttinnen der Galanterie gibt; die erste und die wahre ist eine reizende Göttin, die überall Freude und Vergnügen verbreitet, die jene, die sie inspiriert, mit einer liebenswerten Lebhaftigkeit auszeichnet, es heißt sogar, sie sei mit Amor vermählt; es gibt wenige Herzen, die ihren gemeinsamen Charakterzügen widerstehen. Diese Göttin war bei der Liebe, dem Verstand und der Vernunft geblieben, da es ihr unmöglich war, eine andere Partei zu ergreifen.

Doch die Galanterie, die vor unseren drei Göttinnen erschien, ist die Tochter eines gewissen Gottes Pseudogeist; ihr Bruder ist der schlechte Geschmack, ihre Mutter die Albernheit; alle miteinander vertriebene Gottheiten, die ihre Schande überallhin getragen haben, die eine dahin, die andre dorthin. Diese Galanterie also kam vorbei und erkannte unsere drei Göttinnen, es waren ihre besten Freundinnen. »Ich habe euch gesucht«, sagte sie, während sie sie umarmte. »Es geht mir wie euch, ich habe auch keine Untertanen mehr, sie haben alle revoltiert und in ganz Europa hat man mich wie eine schlechte Komödie ausgepfiffen.«

»Sie kommen gerade recht«, antwortete die Torheit, »wir verschwören uns hier gegen unsere Feinde, und ich bin die Anführerin der Verschwörung.« »Ach, meine Liebe«, bemerkte die Galanterie, »ich sehe schwarz für eure Verschwörung, wenn du nicht auf dich aufpaßt; denn häufig genug handelst du sehr unbesonnen.« »Was heißt hier unbesonnen«, schrie die Torheit wutentbrannt, »Sie sind ja wunderbar, ausgerechnet Sie, deren Untertanen überhaupt nur mit meinen vereint geduldet wurden, Sie langweilige Trine Sie! Ich bin es, ich, die dank des Witzes meiner Einfälle die Unverschämtheiten der Ihren bisher ins rechte Licht gesetzt hat; alles, was Sie jene sich ausdenken lassen, die Sie inspirieren, wäre nur lächerlich, wenn ich mich nicht einmischte, und ausgerechnet Sie wollen mir Lehren erteilen?«

Der Streit war drauf und dran hitzig zu werden, die Torheit überkam sogar die Lust, der Galanterie in die Haare zu fahren, doch da diese für ihren langweiligen Kopfputz fürchtete, der zu ihren Vorzügen gehört, milderte sie den Ton und beruhigte die Göttin. Sogar die Dummheit wollte sich einmischen und sie versöhnen; es hätte wenig gefehlt und sie hätte alles verdorben, so wenig angebracht waren ihre Begründungen. Die Torheit lachte schließlich nur über den Streit. »Ihr kennt mich doch«, sagte sie, »man darf mir nicht widersprechen, denn es gehört wenig dazu, mich zu erregen; ihr seht, im Grunde bin ich gutmütig, ich versöhne mich ebenso schnell wie ich in Wut gerate. Reden wir nicht mehr darüber, sondern denken wir nur noch an unsere Angelegenheiten: wenn ihr auch der Klugheit meiner Maßnahmen mißtraut, so führe ich sie doch in ihrer Art so gut aus wie die Vernunft die ihren.

Ich sage euch, allein die Art macht den Unterschied aus. Ihr kennt alle den Gott Morpheus, er gehört sogar zu Ihren Freunden, Göttin der Dummheit. In unserm Streit ist er neutral geblieben. Im Grunde kann er gar nicht anders, denn das Schicksal verbindet ihn mit allen Menschen; aber wenn er eine Partei ergreifen müßte, ich bin sicher, es wäre unsere. Zu allen Zeiten standen die Liebe und der Verstand im Widerspruch zu ihm, sie schwächen die Wirkung seiner Schlafkörner ab; oft ist er gezwungen, die Dosis so stark zu erhöhen, daß der arme Gott gar nicht mehr weiß, woher er den Mohn nehmen soll; ständig liegt er im Streit mit der Liebe, und nur wenn die Liebe nachgibt, ist er der Sieger; auch vom Verstand weiß man, wie sehr sie zerstritten sind; da er sich also zurückgesetzt fühlt und um die Hälfte seiner Rechte beraubt, bin ich überzeugt, daß er sich heimlich unserer Sache anschließen wird. Also hört mich nun an, was ich meine: es gibt da ein kleines Ungeheuer, es ist mein Sohn, der, ohne mich rühmen zu wollen, die Frucht einer gewissen Zuneigung ist, die ich vor hundert Jahren zu dem Gott der Lächerlichkeit empfand; das kleine Ungeheuer heißt Bilboquet, ein komischer Name, er verdankt ihn seiner Mutter; dieses Kind, das unsterblich ist, denn Lächerlichkeit und Torheit schaffen nichts Vergängliches, dieses Kind also hatte von seinem Vater ebensoviel wie von mir. Etwas in die Welt setzen und es nicht stolz vorzeigen, liegt nicht in unserem Charakter; doch es unter unserem wahren Namen zu zeigen und uns als die Eltern zu erklären, hätte sein Glück nicht gerade begünstigt. Wir waren zu allen Zeiten ein wenig verschrien, sein Vater und ich. Übrigens weiß ich gar nicht, was in dem ganzen Wirrwarr aus ihm geworden ist, diesem unseligen Liebhaber, denn Beständigkeit und zärtliche Gefühle gehören nicht gerade zu meinen Talenten; dennoch waren wir immer gut befreundet, trotz meiner Untreue ...« »Ach«, unterbrach sie die Galanterie, »das ist auch ein Grund meiner Verzweiflung, daß ich nicht weiß, was aus ihm geworden ist. Wir haben uns beide geliebt, und mir ist unbekannt, wohin ihn seine Niederlage verschlagen hat.« »Trösten Sie sich«, antwortete die Torheit, »es ist ganz ausgeschlossen, daß Sie sich nicht wiederfinden, wenn Ihre Angelegenheiten in besserem Zustand sind; lassen Sie mich jetzt fortfahren. Also ich sagte euch, daß wir stets ein wenig verschrien waren, die Lächerlichkeit und ich; doch da man bei den Menschen die schlechtesten Dinge nur ein wenig zu verkleiden braucht, damit sie angenommen werden, und eine Winzigkeit genügt, um uns den Geist der Sterblichen geneigt zu machen, hielten wir es für angebracht, dieser weisen Überlegung gemäß zu verfahren, um unserem lieben Sohn Ansehen zu verschaffen und ihn vorzuzeigen.

In einer unserer größten Städte Europas wohnte ein junger Mann namens Lysidor, der wohlhabend und geistreich war, zwei Eigenschaften, derentwegen man häufig die Handlungen, die ich machen lasse, für Eingebungen des Verstandes hält. Da wir einen Stützpunkt für unsern Sohn Bilboquet suchten, in Wahrheit ein kleines Ungeheuer, konnten wir unsere Augen auf niemand Vorteilhafteres für ihn als auf Lysidor werfen. Die Entscheidung war also rasch getroffen.

Eines schönen Morgens trugen wir beide unser Kind vor Lysidors Tür; der kleine Schelm amüsierte sich mit einer Art Holzgerät und machte einen Höllenlärm damit. Der Lärm hätte uns verraten, wenn wir nicht unsichtbar gewesen wären. Eine Magd und ein junger Diener, die gerade das Frühstück für Lysidor vorbereiteten, der auf die Jagd gehen wollte, liefen herbei um zu sehen, was das Getöse bedeute; sie öffnen die Tür und entdecken den kleinen Schäker Bilboquet, der mit seinem Holzgerät spielt.

Die beiden brechen über den Anblick des Kindes und sein neues lustiges Spiel in lautes Gelächter aus. Bilboquet saß auf seinem Hintern vor der Mauer und spielte: das Gelächter schwoll an; Lysidor hört es von seinem Zimmer aus, das auf die Straße ging; er öffnet sein Fenster und fragt, was los sei. Ohne Zögern trägt der Diener das Kind ins Zimmer seines Herrn. Lysidor fand es schrecklich, sein Spiel langweilte ihn. Er war ein geistreicher Mann, wie ich schon sagte, und ein solcher Vorfall mußte ihm mißfallen; er schalt den Diener, daß er das Kind in sein Zimmer gebracht habe; der Diener, der nur mit Mühe seine Lachlust unterdrücken konnte, trug unsern Sohn in die Küche, Bilboquet spielte weiter. Das ganze Personal wollte ebenfalls spielen, und jeder borgte sich der Reihe nach sein Holzgerät aus. Die von dem Vergnügen entzückten Bedienten beeilten sich, Lysidors Frühstück zu bereiten, nach dem der junge Mann vergebens immer wieder rief. Die Magd, die das Spiel noch nicht versucht hatte und vor Ungeduld stirbt, es den andern gleichzutun, wirft aus Unachtsamkeit die Pfanne mit dem Fisch in die Asche. Gott befohlen, liebes Frühstück! Lysidor, der von dem Unglück gehört hat, kommt in die Küche gelaufen und sieht alle seine Diener mit dem Holzgerät beschäftigt. Er schimpft, er tobt, er packt das Gerät, und die Diener bleiben bestürzt über ihren Verlust zurück. Doch Bilboquet hatte Vorrat in seiner Tasche; er zieht also neue Geräte heraus und versorgt die ganze Truppe damit: die Spielwut beginnt erneut, der eine spielt auf der Treppe, der andere in der Küche, ein dritter im Hof; ihr Lärmen ärgert Lysidor, er kommt herunter und droht, sie alle vor die Tür zu setzen; doch der Anblick all dieser Holzgeräte und des Kindes, das der ganzen Mannschaft als Lehrer dient, läßt ihn mitleidig lächeln. Er zuckt die Achseln und geht wieder, und immer noch über das Ereignis lächelnd, zieht er sich in sein Zimmer zurück; und da es glückliche Momente gibt, in denen ich trotz der Vernunft mit dem Verstand der Menschen machen kann, was ich will, lenkte er seine Schritte zu einem Tisch, auf den er das in der Küche ergriffene Holzgerät geworfen hatte; die Torheit seiner Bediensteten erreichte es, daß er sich, immer noch lächelnd, das Gerät näher ansah: und ich, die ich mich nach meinem Belieben unsichtbar mache und dank meiner göttlichen Macht durch geheime Mittel auf den Verstand der Menschen einwirken kann, ich stoße ihn, reize ihn, er nimmt das Gerät, betrachtet es, beginnt damit zu spielen, so wie er es bei seinen Dienern gesehen hat. Es gelingt ihm sofort, jetzt lacht er über seine Geschicklichkeit; denn die von der Torheit erfundenen Spiele stimmen so gut mit dem Geist der Menschen überein, daß sie darin immer erfolgreich sind. Ich selbst hatte meinem Sohn Bilboquet, um ihm die Zeit angenehm zu vertreiben, das erste Gerät geschenkt, und der kleine Schelm, geschickter als ein Menschenkind, hatte sich alle weiteren gemacht. Lysidor verlor die Lust auf die Jagd: das Ereignis in seinem Haus erschien ihm so lustig, daß er sich, beflügelt noch von einem gewissen Gefühl, das ich ihm eingab, eilends ankleidete, um seine Geliebte Lysie damit zu erfreuen. Ich sah eine glückliche Folge von alledem voraus und ahnte, daß mein Sohn Bilboquet meinen Feinden, den Gottheiten des Verstandes, der Liebe und der Vernunft, kräftig schaden würde: denn diese drei vertragen sich nur mit mir, wenn ich ihre Untertanen sozusagen auf den falschen Pfaden antreffe.

Lysidor eilt also zu Lysie, die sofort von dem Spiel entzückt ist und ihn darüber völlig vernachlässigt. Wütend läuft er zu Philis, einer gemeinsamen Freundin, um seinem Ärger Luft zu machen. Doch diese, weit davon entfernt, ihn zu trösten, eilt zu Lysie, um das interessante Spielzeug kennenzulernen. Die beiden Freundinnen vertiefen sich so intensiv in das Spiel, daß sie selbst das Mittagessen darüber vergessen. Zwei Diener werden nacheinander geschickt, um Lysie zu holen, sie erstarren vor Verlangen, ebenfalls spielen zu dürfen, und vergessen ganz ihren Auftrag. Die wütenden Eltern kommen schließlich selbst und verfallen ihrerseits der Faszination des Spiels. Wenig später verlangt die ganze Stadt nach einem solchen »Holzgerät«, das jetzt Bilboquet heißt. Zwanzig Handwerker werden mit seiner Herstellung beauftragt. Alle Stände spielen das, wie man glaubt von Lysidor und Lysies Vater, also verständigen Männern, eingeführte Spiel. Das Wunderkind Bilboquet aber haben zwei Damen entführt – eine aus der Provinz und eine Ausländerin, und überall verbreitet er sein lustiges Spiel.

Inzwischen haben sich Lysie und Philis wieder ihren Liebhabern zugewandt und die Liebe, die bereits zu verzweifeln begann, hat neue Hoffnung geschöpft, als die Torheit eine Katze auf den Tisch springen und das dort vernachlässigt stehende Bilboquet umwerfen läßt. Rasch stürzen sich die beiden jungen Mädchen auf ihr Spielzeug, und ihre Liebhaber ziehen sich enttäuscht zurück. Überall verlieren Liebe, Verstand und Vernunft an Einfluß.

Doch die Torheit ist in ihrem Übermut zu weit gegangen, und so ist es ihren Feinden gelungen, ihren Sohn Bilboquet ins Land des Vergessens zu vertreiben. Jetzt will sie ihn wieder unter die Menschen bringen, und zwar mit Hilfe des Gottes Morpheus, wie sie bereits angedeutet hatte. Er soll ihn einem Schlafenden im Traum zeigen. »Denn wenn es uns gelingt, die Erinnerung an meinen Sohn Bilboquet wieder zu wecken«, verkündet sie, »dürfen die Dummen, die Bornierten und die albern Galanten sich ungestraft zeigen, weil dadurch, daß aller Aufmerksamkeit auf das Spiel gelenkt ist, ihre Fehler verborgen bleiben und sie mit den verdienstvollsten Leuten, die durch den flatterhaften Geschmack der Zeit all ihre Talente vergraben sehen, auf die gleiche Stufe gestellt werden; die Liebe findet keine Liebenden mehr, die Vernunft keine einsichtigen Leute, der Verstand niemanden mit Geist mehr; und ihre Untertanen, die dem Gewitter weichen müssen, sind gezwungen, sich gewissermaßen zu erniedrigen und den Dummen anzupassen oder sich mit nutzlosen Klagen abzusondern.«

Die Torheit holt also ihren Sohn aus dem Land des Vergessens zurück und bringt ihn zu Morpheus, der ihn wiederum als Traum in den Schlaf eines jungen Mannes, Périnte, bringt. Das Spiel beginnt von neuem, die Welt zu erobern.

Hier, liebe zukünftige Neffen, schließlich das Ende der Geschichte, die ich euch erzählen wollte. Meine Verärgerung gegen das Bilboquet zu Beginn hatte mich annehmen lassen, sie würde länger. Ihr habt in der von der Torheit erzählten Geschichte ihres Sohnes Bilboquet die Verwirrung gesehen, die der kleine Gott in Europa gestiftet hat. Hier war es das Gleiche, die gleichen Vorgänge zwangen die Liebe, den Verstand und die Vernunft, diesen schönen Teil der Erde zu verlassen: ich würde mich nur wiederholen, wenn ich sie euch berichtete.

Es möge euch genügen zu erfahren, daß Périnte seinen Traum weitererzählte und gleich ein Bilboquet anfertigen ließ; daß dieses Bilboquet der Vater einer ganzen Million von weiteren Bilboquets wurde; daß ganz Europa wieder gleichsam infiziert davon wurde; daß die Bornierten nichts mehr zur Kenntnis nehmen wollten, die Toren über ihre Dummheit nicht mehr erröteten, die Stumpfsinnigen aus der Provinz ihren Geist nicht mehr formen wollten: die Geschicklichkeit, mit der sie Bilboquet spielten, war der Freibrief für ihre Grobschlächtigkeit; daß die schwerfällige Araminte weder auf Erziehung noch auf Höflichkeit bedacht war; daß Orion, der lächerliche Langweiler, durch eine unglaubliche Kehrtwendung von Vernunft und Geist zur Wonne jener wurde, die wenige Tage zuvor nur Verachtung für ihn übrig hatten; daß überall eine so seltsame Verwandlung stattfand, daß sich niemand mehr um die Menschen mit Geist bemühte; daß die zärtlichen Liebhaber so in Vergessenheit gerieten, die vernünftigen so verachtet wurden, daß mein Schmerz über die vielen Mißgeschicke und mein eigenes dazu mir die Kraft nimmt zum Weiterschreiben. Möge es der Himmel fügen, liebe zukünftige Neffen, daß euch solcherart Ereignisse fremd bleiben, und vor allem, daß eure zärtlichen Liebschaften, glücklicher als die meinen, wenigstens nur die üblichen Rückschläge zu fürchten haben.

Die Abenteuer des jungen Brideron

Nur etwa ein Viertel der *Abenteuer des jungen Brideron* waren zu Marivaux' Lebzeiten erschienen, und doch hatte das Werk die Gemüter so erregt, daß es der Autor in Anbetracht der vielen Anfeindungen, denen er bereits ausgesetzt war, vorzog, sich von ihm zu distanzieren und zu behaupten, er habe es nur vermittelt. Später erklärte er, es bearbeitet zu haben. Die Editionsgeschichte dieses verrückten, abenteuerreichen Romans ist fast so verworren wie sein eigener Handlungsfaden. Hier sei nur vermerkt, daß die erste vollständige Ausgabe überhaupt erst 1956 in Frankreich erschien.

Der Grund für die heftige Erregung ist rasch erklärt: Der Roman, der im Französischen den Titel trägt *Le Télémaque travesti* ist eine Parodie auf den damaligen »Bestseller« *Les aventures de Télémaque* (1699) des französischen Geistlichen und Prinzenerziehers Fénelon. Dieser hatte als Ergänzung zur *Odyssee* in einem Prosaepos die Suche von Odysseus' Sohn nach seinem Vater zum Anlaß genommen, um seinen pädagogischen Absichten eine literarische Form zu geben. Indem Marivaux nun an die Stelle der edlen Griechen zwei naive Landbewohner setzte, deren Einfalt sie nur bedingt in die Lage versetzte, die heldischen Taten ihrer großen Vorbilder angemessen nachzuahmen, beleidigte er die Anhänger Fénelons ebenso wie die des »göttlichen Homer«. Sie zeigten wenig Verständnis für die Aufforderung des Autors: »Ihr solltet einem Manne Dank wissen, der alle Anstrengungen gemacht hat, um aus dem Wunderbaren, dem Erhabenen und dem Heroischen bei Homer das Komische herauszuholen! Tue ich ihm Unrecht? Seine Helden bleiben bewundernswert, während jene, die ich an ihre Stelle setze, lächerlich sein werden«. Statt Dank erntete er die gröbsten Beleidigungen. Unter anderen schrieb d'Alembert, Marivaux habe »die Respektlosigkeit gegenüber dem göttlichen Homer so weit getrieben«, ihn zu parodieren, und bezeichnete es als ein »verbrecherisches Unterfangen, das unsterbliche Werk herabzuziehen«. Die Zeit seiner Parodien sei »der schändliche Teil seines Lebens«.

Dabei war es Marivaux keineswegs darum gegangen, ein Werk »herabzuziehen« – das lag ihm völlig fern –, sondern vielmehr um die Darstellung von mißverstandenem Heldentum, die Folgen falscher Ehrbegriffe, das Mißverhältnis von Schein und Sein. Er hatte es deutlich in seinem Vorwort erklärt, doch wer hatte das gelesen?

Für den heutigen Leser gibt es gewiß wenige Romane, aus denen man so genaue Details über den Alltag der Menschen in der französischen Provinz in der Zeit um 1700 erfährt wie aus dieser drastischen Narrengeschichte, – sei es über Kriegszustände, Krankheiten, Hygiene, soziale oder landwirtschaftliche Probleme und vieles mehr.

Zum Verständnis der Textauszüge sei folgendes erklärt:

Der junge Landbewohner Brideron, dessen Vater aus dem Krieg gegen Ungarn nicht zurückgekehrt ist, wird von seinem närrischen Onkel Phokion dazu überredet, sich mit ihm auf die Suche nach dem Verschollenen zu machen. Auslöser für diesen Plan ist Phokions Lektüre des Buches *Die Abenteuer des Telemach*, bei der er die Übereinstimmung der Lage der Protagonisten mit der eigenen entdeckt hat. In Telemach sieht er Brideron, er selbst fühlt sich als Mentor. Die Abenteuer, die sie auf ihrer Suche bestehen, folgen genau den im *Telemach* beschriebenen – zum Teil aus Zufall, hauptsächlich aber, weil Phokion in jeder kritischen Situation sich durch Nachlesen vergewissert, wie sich die beiden Möchtegern-Helden zu verhalten und was sie zu denken haben. Nur hat er manchmal Schwierigkeiten mit seinem Schützling: »Offen gesagt, fühlte der arme Kerl deutlich, daß der Telemach in dem Buch, das er gelesen hatte, mutiger war als er, doch ist es leichter, ein Fels auf einem bedruckten Papier zu sein, sich in Kalbsleder gebunden gelassen zu zeigen, als bei lebendigem Leibe und voller Gesundheit«. Aber es gelingt dem listigen Phokion immer wieder, den kleinmütigen Brideron zur Fortsetzung ihrer Abenteuer zu überreden.

Bevor der folgende Textauszug beginnt, hatte das Schicksal die beiden Abenteurer zu Omeneus verschlagen, einem Leutnant des Königs, den die Hugenotten töten wollten. Phokion war es gelungen, die beiden Parteien zu versöhnen. Brideron war daraufhin mit den Hugenotten in die Schlacht gegen die Fanatiker gezogen, während Phokion bei dem Edelmann blieb, um dessen Hauswesen zu ordnen.

Die Beschreibung von Briderons Schild zeigt auf drastische Weise des Autors Freude an der minutiösen Darstellung bäurischer Genreszenen. Gleichzeitig ironisiert sie Homers szenenreiche Beschreibung von Achills berühmtem Schild.

Neuntes Buch

Nachdem die Edelleute fort waren, ging Phokion also daran, Omeneus' Hauswesen in Ordnung zu bringen. Das war einst eine der schönsten Rollen des echten Mentors gewesen, denn dieser hatte das gesamte Königreich des Königs Idomeneus in Ordnung gebracht. Das heutige Königreich ist auf das einfache Schloß eines Edelmannes beschränkt: wir wollen uns auf diese Verkleinerung einlassen, wie auch auf die schlichtere Art, mit der Phokion gegenüber Omeneus vorgehen wird.

»Also«, sagte er zu ihm, »wollt Ihr nicht, daß ich bei Euch in allem Ordnung schaffe, während sich unsere Leute schlagen?« »Und ob«, erwiderte Omeneus. »Verdammt, ich betrachte Euch als meinen Hofmeister, und wenn Ihr wollt, lasse ich Ruten in Essig tauchen für den Fall, ich soll die Peitsche bekommen.« Phokion lächelte über diese Erwägung und fuhr fort:

»Als erstes zeigt Ihr mir Eure Keller.« Sie gingen hinunter. Omeneus trug den Leuchter. Als sie unten waren, sagte er: »Hier sind acht volle Viertelstücke und ein paar, die halb voll sind, und die dort sind leer.« »Das muß ich rügen«, entgegnete Phokion, »und als erstes sage ich Euch, daß Ihr ein großer Säufer sein müßt, um so viele Viertelstücke in Euerm Keller zu haben, da Ihr gar keinen Wein anbaut«, entgegnete Phokion. »Was denkt Ihr Euch dabei, Ihr Kellerstütze? Offensichtlich leert Ihr drei Flaschen Wein bei jeder Mahlzeit? Wißt Ihr auch, daß Wein im Körper genauso ist wie ein Stein von zwanzig Pfund auf einer Kröte? die kann sich nicht rühren: der Stein und Ihr, das ist ein und dasselbe. Hat man zuviel getrunken, kann man nur noch schnarchen; aber der Mensch sollte stets wach sein wie eine Maus, damit er sich um seine Sachen kümmern kann. Außerdem seid Ihr unbesonnen, denn Ihr stecht mehrere Fässer gleichzeitig an, ohne zu bedenken, daß der Wein verdirbt: beeilt Euch, die halbleeren zu verbrauchen, sonst wird er sauer, und Ihr müßt Essig draus machen. Aber das ist nicht alles, was ich Euch dazu sagen muß: wer wird Euern Wein abfüllen?« »Meister Georges«, erwiderte Omeneus. »Wie!« rief der weise Ordner, »ein Diener geht selbst mit der leeren Flasche in den Keller! Jetzt wundere ich mich nicht mehr, daß Eure gefräßigen Leute so fett sind und so rot; sie saufen, soviel sie wollen; damit Ihr es wißt: so wie die Raupen den Stoff anfressen, verringern die Diener die Verpflegung ihres Herrn, wenn sie darüber bestimmen. Wie viele Flaschen Wein sind schon in den Bauch dieser Trunkenbolde geflossen, ohne daß der Eure etwas davon hatte! Soll Euer ganzes Hab und Gut in das gefräßige Maul eines Knechtes wandern, Schafskopf? Macht Euch von jetzt an die Mühe und füllt Euern Wein selbst ab;

behaltet den Schlüssel zu Euerm Keller stets bei Euch, und wenn Ihr ihn aus Eurer rechten Hand laßt, dann leiht ihn nur Eurer linken.

Und jetzt wieder hinauf, das genügt zu Euerm Keller, sehen wir uns Eure Küche an.« Sie begaben sich dorthin. Der Koch hatte keine Zeit gehabt, ins Bett zu gehen, er war vor dem Herd eingeschlafen. »He! he!« rief Omeneus ihm zu. »Wach auf, meins Herzens Schöne!« »Wer ist da?« fragte der Koch und streckte sich. »Dein Herr«, antwortete Omeneus. »Ich will Phokion deine Küche zeigen.« »Ach was«, sagte der Mann, »der riecht noch das Frikassee und will den Rest haben.« Phokion mißfielen diese Worte, er begann mit seiner Besichtigung. »Ich bemerke, daß hier mehr Kohle verbraucht wird als nötig; ich schließe das aus der vielen Asche. In einem Haushalt muß man viel aus wenig machen; ein Sack Kohle setzt zwar ein Feuer in Gang, aber das Geheimnis besteht darin, es mit drei Stückchen in Gang zu setzen.« »Zum Teufel«, bemerkte der Koch, »von dem Geheimnis weiß ich nichts. Aber wenn mein Herr nicht da wäre, wüßte ich das, Euch hier verduften zu lassen, verdammter Schnüffler.« »Psst!« sagte Omeneus. »Und Ihr, Phokion, macht nur weiter, ich gewinne dabei.« »Also, das hier sind schlecht abgewaschene Teller, da klebt noch das Fett; sie liegen umhergesät wie die Gerste im Feld, warum werden sie nicht aufgeräumt? Es gibt nichts Schöneres als Ordnung. Denkt an einen Spiegel voller Fliegendreck, man kann nichts darin sehen; doch ist er sauber, erkennt man noch den zartesten Bartflaum; hier ist es genauso; ist eine Küche schlecht aufgeräumt, dann ist sie ein Stall; aber sind die Schüsseln, die Wärmbecken, die Tücher, die Pfannen alle an ihrem Platz, übersieht man das Ganze mit einem Blick, nichts zerbricht, man hat alles bei der Hand, und es macht dem Herrn Ehre.«

»Ich kann nicht mehr an mich halten«, rief der Koch, »ich prügle mich gleich mit diesem Angeber; und wenn er weiter so klug schwatzt, stecke ich ihn fürs Abendessen auf den Spieß.« »Flegel«, sagte Omeneus, »er spricht die Wahrheit, halte den Mund.« »Oho, Monsieur«, bemerkte der Koch, »er hat hier so wenig zu suchen wie der Fuchs im Hühnerstall. Gebt mir meinen Lohn, ich packe meine Sachen.« »Soll er gehen«, sagte Phokion, »ein Haus braucht keinen Koch, ein Küchenjunge tut es auch. Im übrigen, könnt Ihr nicht selbst ein Omelett machen? ist es so schwer, ein Hähnchen zu braten? Macht Euch keine Sorgen, ich werde Euch bei Gelegenheit zeigen, wie man ein Ragout zubereitet und geschmortes Rindfleisch; das ist ein billiges Gericht und hält sich mehrere Tage: zahlt dem dikken Schwein dort seinen Lohn.«

Köche sind im allgemeinen grob. Dieser hier murmelte zwischen den Zähnen: »O du elender Truthahn, noch nie habe ich mein Küchenmesser mit größerer Lust in eine Tierkehle gestoßen, als ich es in deine stoßen würde!« »Da«, sagte Omeneus zu ihm, »da hast du einen Taler; komm dann zu mir, damit wir sehen, wieviel ich dir schulde.«

»Jetzt ist Euer Hausstand schon einen Koch los«, bemerkte Phokion; »ich werde aber noch andere faule Glieder finden, die weg müssen. Wie viele Schlampen habt Ihr, die Euch bedienen?« »Vier, bevor ich die besagten beiden Mädchen zurückgegeben habe«, antwortete Omeneus, »jetzt habe ich nur noch zwei.« »Das ist eine zuviel«, erklärte Phokion. »Behaltet die andere, sie kann die Küche machen, und die Schüsseln soll sie selbst abwaschen. Und wie viele Knechte habt Ihr?« »Einen Augenblick, das weiß ich selbst nicht«, entgegnete Omeneus; »einen zum Striegeln meiner Pferde, einen, der sich um meinen Garten kümmert, einen, der mich rasiert und ankleidet; das sind alle.«

»Den, der die Pferde striegelt, braucht Ihr«, sagte Phokion, »aber den, der Euch selbst striegelt, den nicht, denn der erste kann beides machen; außerdem, könnt Ihr Euch nicht selbst rasieren? He, verdammt, kauft Euch ein gut geschliffenes Rasiermesser, ein Becken und Seife, nehmt ein altes Hemd, macht ein Rasiertuch draus und schneidet Euch selbst den Bart: so viele Leckermäuler essen Euer Brot und leeren Euch die Börse, backt weniger und Ihr habt Euer Geld. Außerdem finde ich es auch angebracht, den Knecht für den Garten wegzujagen. Braucht Ihr Blumen? Der Duft steigt zu Kopf, und Euer Hirn ist schon benebelt genug. Glaubt mir und behaltet nur die beiden Diener, die ich Euch genannt habe.«

»Zum Teufel«, erklärte Omeneus, »der, der mich striegelt, wird nicht gehen, ich bin an ihn ebenso gewöhnt wie meine Pferde.« »Na schön«, bemerkte Phokion, »dann behaltet noch einen Kammerdiener, wenn Ihr Euern Pferden gleicht. Und von jetzt an eßt Ihr täglich eine gute Rindfleischsuppe mit Petersilie, am Abend einen kleinen guten Braten, und zu jeder Mahlzeit gibt es eine Pinte. Eure Diener machen sich abends einen kleinen Salat aus dem Suppenfleisch; jeder von ihnen hat seine Arbeit; so bleibt Ihr bei guter Gesundheit und habt nie einen verdorbenen Magen. Vor allem muß Pfeffer und Salz in Eurem Fleisch vermieden werden; ebensogut könnt Ihr Euch ein brennendes Reisigbündel in die Därme stecken, wie übermäßig von diesen Gewürzen essen. Ich habe vergessen, über die Kleidung Eurer Leute zu sprechen: Eure Dienerin und der Pferdeknecht müssen gute Holzschuhe an den Füßen haben; die Dienerin bekommt ein oder zwei Röcke und davor ihre Schürze; die Ärmel trägt sie aufgekrempelt, um zu zeigen, daß sie in der Küche arbeitet. Und damit sie nicht haart, laßt Ihr sie jeden Monat scheren, so vermeidet Ihr Zwischenfälle in den Soßen. Der Pferdeknecht bekommt über seine Weste einen weiten Rock aus grauem Leinen und eine von Euch gekaufte Mütze; er muß stets seine Mistgabel oder seinen Striegel in der Hand haben, damit er weiß, daß er es nur mit seinen Pferden zu tun hat und sich auf die beschränken soll. Euer Kammerdiener trägt Eure abgelegten Sachen, und diese Kleidung unterscheidet ihn genügend von den anderen Dienern; Ihr laßt Eure Schuhe neu besohlen und gebt sie ihm, wenn sie vom Schuhflicker kommen. Was Euch betrifft, so bedeckt Ihr Euch mit einem guten groben Wollumhang, den Ihr anfertigen laßt und der billiger ist als ein Mantel aus feinem Tuch.

Jetzt kommen Eure Möbel an die Reihe: laßt zwei Drittel davon verkaufen; in einem Zimmer braucht man nicht mehr als ein paar Stühle, ein Bett und einen Kamin. Man soll stets bescheiden wohnen und stets eine Birne für den kommenden Durst aufbewahren.

Im übrigen hütet Euch vor Überraschungen von seiten der Diener; sie sind darauf aus, bei allen Käufen ihren Gewinn zu machen. Damit Ihr nicht betrogen werdet, finde ich es angebracht, Ihr kauft Euer Fleisch und Euer Brot aufs Kerbholz, dann bezahlt Ihr es selbst. Und was die anderen Ausgaben betrifft, so gebt acht und erkundigt Euch, was die Dinge kosten; laßt Euch bis zum letzten Sou Rechenschaft geben; wenn die Diener so viel Genauigkeit bei Euch sehen, nehmen sie den kürzesten Weg. Werden bei Euch Schüsseln zerschlagen, Gläser oder Steingutteller, dann schreibt das alles in ein Merkheft und zieht es vom Lohn der Grobiane ab; durch Schaden wird man arm, sagt das Sprichwort.

Und nun muß ich noch über die kleinen Zwiste zwischen den Dienern mit Euch reden, sie prügeln sich gern; von jetzt an müßt Ihr stets einen Stock für ihren Buckel zur Hand haben; die Lust, sich zu schlagen, wird ihnen vergehen, wenn Ihr sie schlagt.

Achtet darauf, daß Eure Dienerin alle Gegenstände, aus denen Ihr eßt, sauber hält, damit, wenn ein ehrbarer Mensch bei Euch ißt, es nicht heißt: pfui über den alten Dreckfink! Denn ich zum Beispiel esse verdammt lieber aus einer Holzschüssel, die vom Drechsler kommt, als aus einer goldenen Schüssel vom König, in der der Küchenjunge noch Fettreste vom Tag vorher gelassen hat. Nicht Pracht und Prunk machen die Schönheit der Dinge, o Omeneus! Eine adrette Bauernmagd ist appetitlicher als die Damen der Gesellschaft, von denen es heißt, sie stünden in der Nacht auf und machten in ihr ... A propos, gibt es einen Abtritt im Schloß?« »Er wird gerade gemacht«, sagte Omeneus. »Dann beeilt Euch, zum Teufel, daß er fertig wird«, bemerkte Phokion, »denn wie sollen es Eure Diener sonst machen?«

Nach diesen weisen Lehren, die Phokion an die Stelle der weisen Anleitungen fürs Regieren setzte, die Mentor dem Idomeneus gab, dachte er in seinem Innern darüber nach, was man noch sagen könne, als ihm plötzlich der kalte Schweiß ausbrach, denn ihm war Idomeneus' Tochter eingefallen, die Telemach einst liebte. »Wenn mein nichtsnutziger Neffe zurückkommt«, sagte er sich, »und keine Antiope vorfindet«, denn das war ihr Name, »wird er vor Wut die Sache aufgeben. Die Pest soll unsern Leutnant holen, der seine Frau umgebracht hat, bevor sie eine Tochter in die Welt gesetzt! Aber ich denke, dieser Mann hier liebt zur Genüge das andere Geschlecht; sollte er nicht vielleicht eine uneheliche Tochter haben? Hat man keine weißen Bettücher, schläft man auf Stroh, und man soll nicht so genau hinsehen, wenn man keine Brille hat.«

Phokion war mit diesen Gedanken beschäftigt, als Omeneus ihm die Zimmer seiner Tochter zeigte. »Eurer Tochter!« schrie der entzückte Hofmeister. »Richtig«, entgegnete Omeneus. »Aber sie ist eine uneheliche Tochter, denn ich war nicht verheiratet, als ich sie bekam, doch weiß ich genau, daß ich ihr Vater bin. Zur Zeit meiner Frau hat sie sich nie gezeigt; ich hatte sie einem Freund von mir anvertraut, aber dann habe ich sie zu mir genommen, und ihre Tante ebenfalls; die habe ich übrigens vergessen mitzuzählen bei denen, die ich hier ernähre.«

»Diese Tante könnte ruhig darauf verzichten, so lange zu leben«, bemerkte Phokion, »sie ist in unserer Geschichte überflüssig.« »Zum Henker«, rief Omeneus, »ich muß sie am Trog lassen, es sei denn, ich würde sie ins Spital stecken; aber wenn ich die Tante meiner Tochter ins Spital steckte, fändet Ihr das sicher nicht recht von mir.« »Wenn sie nun schon mal da ist, dann behaltet die Tante bei Euch«, sagte Phokion, »und reden wir nicht mehr über Eure Tochter, denn das ist hier nicht ihr Platz; eines Tages werdet Ihr sehen, daß Brideron sie heiratet.« »Brideron sie heiratet! Brideron sie heiratet! Brideron wird meine uneheliche Tochter heiraten?« schrie Omeneus. »Ja, zum Teufel, er wird sie heiraten«, erklärte Phokion, »und Ihr seid damit einverstanden; aber still, ich weiß darüber mehr als Ihr: auf mein Wort, Ihr könnt schon ihre Hochzeit vorbereiten, sie ist so gut wie geschlossen! Aber laßt uns jetzt unser Gespräch wieder aufnehmen.«

Phokion dachte wieder an sein Buch von *Telemach*. Offen gesagt, war er ein wenig verwirrt und wußte nicht recht, wie er es anstellen sollte, um seinem Leutnant ebenso viele Ratschläge und Lehren zu erteilen, wie Mentor seinem Idomeneus erteilt hatte. Zum Henker, sagte er sich, dieser Mann hier hat keine Städte, keine Minister, keine Untertanen, keine Ländereien; er hat nur ein Pökelfaß, einen Keller, eine Küche, Möbel, einen Abtritt, einen Garten und ein paar Diener. Herrgott, dachte er weiter, es war dumm von mir, ihm seine Diener wegzunehmen, das hätte mehr Leute ergeben; ich hätte von vielen Sachen sprechen können, die ich jetzt lassen muß; aber ich ändere das; ich werde ihm sagen, er müsse seinen Haushalt vergrößern und jemanden seinem Koch hinterherschicken.

In diesen Gedanken vertieft, sprach er folgendermaßen

zu Omeneus: »Hört zu: ich habe Euch gesagt, Ihr brauchtet nur drei Dienstboten, aber ich bin ein Dummkopf, und jetzt denke ich, daß ein Leutnant des Königs gut bedient werden muß. Also rasch, ein Koch, und vor allem viele Mägde, denn das gibt Hochzeiten mit den Knechten, und darüber kann ich mit Euch reden.

Um jetzt schon ein Wort darüber fallen zu lassen, sage ich Euch also, daß Eure Knechte und Mägde ihre Zimmer nicht zu nahe beieinander haben dürfen, das hieße Feuer neben dem Pulver machen, das entzündet sich, die Rakete geht hoch und paff! Eure Mädchen haben ihr Teil weg. Also haltet Eure Augen offen. Ihr selbst dürft kein Beispiel geben, denn häufig tun die Witwer so, als beschäftigten sie ihre Mägde nur dazu, ihre Schüsseln zu waschen, und dabei heiraten sie sie in zweiter Ehe, ohne sie zur Frau zu nehmen. Ihr versteht Euch auf den ganzen Schwindel, denn Ihr habt es ebenso gemacht. Aber das ist Büberei und schändlich. Man soll stracks seines Weges gehen, wie ein Flintenschuß.

Kommen wir jetzt zum Hauptpunkt, den barmherzigen Taten. Hat einer der Diener einen bösen Finger, ab ins Spital. Verdammt, gebt wohl acht: so wie ein König der Vater seines Volkes ist, ein Lehrer der Erzieher seiner Schüler und eine Sau schließlich die Nährmutter ihrer Ferkel, so muß ein Hausherr der Hüter seiner kranken Diener sein. Wir neigen alle zur Schlechtigkeit, o Omeneus, prägt Euch das gut ein. Euer Pferdeknecht hat Kopfweh, schon liegt er in seinem jämmerlichen Bett; soll man ihm deshalb den Lohn abziehen? Nein, erlauchter Leutnant, holt ihm einen Arzt; er soll zur Ader gelassen werden und bluten wie ein Ochse; stopft ihn mit Arzneien voll und laßt ihm täglich zwanzig Einläufe machen, dann könnt Ihr Euch weise nennen. Hat ein Mädchen die Bleichsucht, dann kauft ihm Pillen und versucht nicht, es auf andere Weise zu kurieren.

Achtet auch darauf, daß Ihr nicht wie ein Bullenbeißer mit Euern Dienern redet, denn wißt, es gibt mehrere Arten von Brot, aber nur eine Haut bei den Menschen: der Pförtner eines Ministers und der Minister selbst, wenn diese beiden im Wasser sind, dann gleichen sie sich wie Zwillinge, der Arm des einen ist nämlich nicht wie eine Gabel gemacht und der des anderen wie ein Becher: es sind zwei Arme, an deren Ende eine Hand mit fünf Fingern ist; und wenn Ihr richtig zählt, findet Ihr zehn an beiden Händen von jedem: das sollte die Menschen lehren zu leben. Könnte man sagen: meine Nase ist aus Rotgold, die meines Kochs nur aus Blei, ich habe also eine viel schönere Nase als er, oder meine Schenkel sind aus Schildpatt, seine aus Horn, dann wäre der Stolz erlaubt, denn Gold und Schildpatt sind wertvoller als Blei und Horn; aber für all das gibt es nur eine Art, die Natur verfügt nur über eine Soße, die das gleiche Ragout macht. Ich weiß nicht, ob Ihr mich versteht, aber mir scheint, ich drücke mich so gut aus wie ein Buch. Um es noch einmal zusammenzufassen: es bedeutet, daß ein Herr mit seinen Dienern ganz so umgehen muß, als wären es seine jüngeren Brüder, und sich nur als den älteren betrachten darf, der für sie Sorge tragen muß. Behaltet das im Gedächtnis und erinnert Euch an meine Worte so gut wie an den Kasten, in den Ihr Euer Geld gelegt habt. Auch muß ich Euch noch einschärfen, maßvoll zu sein. Die Zügellosigkeit, o Omeneus, gleicht einer aufrechten Karte, die am Anfang einer Reihe von tausend weiteren Karten steht; werft die erste Karte um und platsch platsch seht Ihr alle anderen bis zur letzten umkippen; berührt Ihr die erste aber nicht, halten sie sich alle aufrecht. Also, die Zügellosigkeit ist diese erste aufrechte Karte, denn unsere schlechten Neigungen stehen immer aufrecht, das heißt, sie sind stets bereit, sich zu bewegen. Wenn die Karte der Zügellosigkeit umfällt, folgen ihr die anderen Leidenschaften nach, die ebenfalls Karten sind; auf diese Art gebt Ihr Euch der Zügellosigkeit hin, die Trunksucht folgt, sie zieht den Stumpfsinn nach sich, dieser berührt die Roheit, und die Roheit ist der Anstoß für alle Leidenschaften, eine nach der andern; kurz, das ist wie bei einer Ahnenfolge, der Vater zeugt den Sohn, der Sohn zeugt wieder Söhne, die vielen Kinder haben Brüder und Schwestern, von denen kommen die Nichten, die Onkel, die Vettern und die ganze Bagage. Und als Großvater haben sie alle den ersten der Familie. Fürchtet also diesen Großvater, o Omeneus, es ist die Zügellosigkeit, ich sage es Euch, denn dazu verpflichtet mich mein Amt.

Wenn Ihr Arsenale hättet, würde ich Euch sagen, was dort fehlt; aber ich glaube, Ihr habt nur ein bißchen Pulver und Blei in einer Jagdtasche, und deshalb lohnt es den Aufwand nicht. Aber übrigens, liebt Ihr die Musik?« »Verdammt, und ob«, erwiderte Omeneus, »ich pfeife von morgens bis abends.« »Das ist nicht gut«, bemerkte Phokion, der wußte, daß Mentor die Musik verurteilte, »und ich werde Euch einen Vergleich liefern, damit Ihr versteht, warum.

Stellt Euch vor, das Gehirn eines Menschen wäre eine volle Flasche Branntwein. Nun also, schüttet da, wenn Ihr könnt, einen Viertelliter Flußwasser hinein; ist es dann nicht so, daß der Branntwein weniger stark ist? Kommen wir zu Eurem Gehirn zurück, das die Flasche ist; der Verstand ist der Branntwein, das Wasser die Musik; wenn die in Euer Gehirn dringt, schwächt sie Euren Branntwein, ich meine Euern Verstand, sie schläfert ihn ein, sie macht ihn zu einem Weiberhirn; das ist gefährlich, wie Ihr seht, und wenn Ihr etwas in Eure Branntweinflasche tun wollt, dann wäre es viel besser, Ihr würdet so etwas wie Gewürznelken nehmen, Zimt oder ähnliches Zeug, aber kein Wasser: das Lesen, zum Beispiel, kann Euch als Zimt dienen, das Denken als Gewürznelke.

Laßt also das Pfeifen und duldet auch nicht, daß bei

Euch gepfiffen wird.« »Aber ich habe doch alles voll hier von Nachtigallen, Distelfinken, Hänflingen und anderen Vögeln, die ein wunderschönes Gezwitscher vollführen«, sagte Omeneus; »wenn ich ihnen das Pfeifen verbiete, geschieht gar nichts, denn sie verstehen kein Französisch und stehen bei mir nicht in Diensten.« »Ich finde dagegen kein anderes Mittel, als ein paar Flintenschüsse auf sie abzugeben«, bemerkte Phokion, »diese Sprache werden sie verstehen und nicht mehr wiederkommen.« »Das ist gut«, entgegnete Omeneus, »ich werde mich um alles kümmern, macht Euch keine Sorgen; lieber trinke ich nur Sumpfwasser, als daß ich Euch nicht bis zur letzten Silbe gehorchte. Ja, mein Freund, ich gehöre nicht zu den Leuten mit einem harten Schädel; der kleinste Schlag mit dem Hammer machte mir schon eine Beule; damit ist alles gesagt.«

Phokion wußte nach der Musik nicht mehr weiter; er blickte nach allen Seiten, um etwas zu finden, was er kritisieren oder wozu er einen Rat erteilen könnte. Er entdeckte nur ein paar klägliche Bilder, die ihn aufzufordern schienen, über die Malerei zu reden.

»Liebt Ihr auch die Malerei?« fragte er Omeneus. »Eigentlich ja«, erwiderte unser Leutnant, »aber ich kenne mich da nicht aus; doch wenn die Bilder ein schönes Rot haben, ein schönes Blau, dann sehe ich das wie jeder andere auch; manche Leute tadeln das und sagen, man müsse darüber hinaus auch Geschmack haben; ich finde, die Augen genügen. Um es kurz zu machen, ich habe mich malen lassen; und, nun ja, wenn ich jemals mein Gesicht verlieren sollte, könnte ich mir ein neues nach meinem Porträt machen lassen.«

»Die Liebe zur Malerei ist keine Lappalie«, bemerkte Phokion, »besser man liebt sie als ranzigen Speck; aber schließlich ist sie nur gut, wenn es darum geht, große Geschichten darzustellen, Belagerungen, Schlachten von Darius und Alexander. Was Euch betrifft, so rate ich Euch, sich ihrer nur zu bedienen, wenn sich in Euerm Haus etwas Außergewöhnliches ereignet hat, etwa wenn eine Katze oder ihr Kater eine Maus geschickt gefangen haben, nachdem sie sie lange belauert hatten; das dargestellt zu sehen wäre lustig; man sähe die List der Katze und den Sprung auf ihr Wild, kurzum, den Tod der Maus. Hat die Köchin ein gutes Ragout gemacht und ist sie ein wenig hübsch, dann laßt sie auf eine Leinwand bringen; man gibt ihr das Gericht in die Hand, das sie so gut zubereitet hat, und der begabte Maler versucht in seiner Malerei die Dosis an Salz, Pfeffer und Nelkengewürz wiederzugeben, die sie in ihr Ragout getan hat; diese Zutaten müßten sich in einer kleinen Dose neben der Köchin befinden; sie würde von jeder mit größter Aufmerksamkeit etwas nehmen, was sehr komisch wäre. Das sind die einzigen Fälle, in denen Ihr Euch dieser Kunst bedienen dürft, weil sonst die Gefahr droht, daß Eure Liebe zu ihr sich auf alle Eure Leute überträgt und diese Eure sämtlichen Mauern und Wände mit frechen Gestalten aus Kohle oder Kreide vollschmieren.

Ich glaube, das ist alles, was ich Euch sagen kann, nachdem ich hinzugefügt habe, daß Ihr immer mehrere Paar Schuhe gleichzeitig haben müßt, dann werden sie weniger abgenützt; merkt Euch diesen Grundsatz gut: so machte es stets der weise Brideron, der Vater des kleinen Schelmen, den ich Euch mitgebracht habe.«

Wenn diese Lehren auch nur einen geringen Wert hatten, so waren sie doch im Kopf unseres Mentors eine große Sache, er glaubte, zur Ordnung des Universums beigetragen zu haben, und zollte sich heimlich Beifall, daß er sich in einer für Ratschläge geeigneten Lage mindestens so gut wie Mentor gezeigt hatte. Die Ratschläge wurden befolgt; Omeneus verbesserte alles, worauf man ihn aufmerksam gemacht hatte; und um die Unterhaltung anzuregen, unterließ er es trotz der von Mentor empfohlenen Mäßigkeit nicht, häufig in den Keller zu gehen, um, wie man ihn angewiesen hatte, selbst den Wein abzufüllen. Der hinausgeworfene Koch kam zurück, und da er sah, daß Phokion den Geist seines Herrn beherrschte, fand er kein anderes Mittel, ihn sich geneigt zu machen, als ihm heimlich kleine Gerichte zu bereiten, die ihm sehr bald die Freundschaft des leckermäuligen Erziehers gewannen; jeder Diener machte ihm auf seine Weise den Hof, die Mägde grüßten ihn ehrerbietiger als ihren Herrn, alle waren darauf bedacht, ihm zu gefallen; niemals war der Hausstand so geregelt gewesen. Omeneus konnte ohne seinen Ordner nicht mehr auskommen, er war selbst entzückt von der Ruhe und dem Einklang in seinem Haus. »Weißt du, alter Hase«, sagte er zu ihm, »du bist verdammt geschickt, schade, daß du kein Doktor bist, du hättest deine freie Wohnung an der Sorbonne und wärest so weise wie die Bibel; zum Teufel, wie kommt das: ich lebe gut, ich trinke, ich schlage mir den Bauch voll und spare dabei täglich mehr als sechs blanke Taler! Möge es Gott dir im Jenseits vergelten; wenn du jetzt sterben würdest, ließe ich dir einen Gedenkstein errichten und ein Mausoleum: mir ist es noch nie so gut gegangen.«

*

Ich habe vergessen, Briderons Schild zu beschreiben, auf dem tausend Geschichten aus früherer Zeit dargestellt waren, die das Auge jedoch nicht entziffern konnte; man erkannte lediglich ein Kind mit offenem Mund, das nach seinem Brei schrie, weil es lange nichts gegessen hatte; die Mutter lief mit der Kasserolle in der Hand herbei und beeilte sich, das Kind zum Schweigen zu bringen, indem sie ihm den Brei in den Mund stopfte.

Auch sah man, oder besser man glaubte einen braven Bauern zu sehen, der sterbend sein gesamtes Hab und Gut unter seinen beiden Söhnen Pierrot und Colinet aufteilte;

dem einen überließ er zwei Ochsen und den Pflug, dem andern ein halbes Dutzend Säue; er maß mit der Hand die Hälfte von fünfundzwanzig Morgen Acker ab, die er ebenfalls unter ihnen aufteilen mußte.

Der brave Mann starb; Colinet, der verheiratet war, wollte nicht dulden, daß sein Bruder mit ihm das Haus bewohne. Man sah seine Frau oben aus einem kleinen Fenster einen Eimer Wasser auf den Kopf von Pierrot schütten, der ins Haus treten wollte, während Colinet mit einer Gabel in der Hand drohte, ihm diese in den Bauch zu stechen, falls er die Kühnheit besäße, seinen Fuß hineinzusetzen.

Pierrots Überraschung war in aller Vollkommenheit wiedergegeben durch die Bewegung seines Armes, den er über seinen Leib legte; danach sah man, daß er tausend Flüche gegen seinen Bruder ausstieß und ihn mit Schweinehund, Hahnrei und ähnlichen Schimpfwörtern bedachte. Diese Schimpfwörter waren unmittelbar neben seinen Mund geschrieben, denn der Stecher hatte vermeiden wollen, daß der Betrachter sie erahnen müsse.

An einer anderen Stelle bemerkte man Pierrot, der aus Rache die Tochter eines Weinbauern geheiratet hatte, welcher nun alle Winzer der Gegend versammelte und mit der Hippe in der Hand zu Colinet zog, um ihn zu zwingen, die Hälfte des Hauses seinem Bruder zu überlassen.

Der rohe Colinet packte Pierrot wütend am Koller; sie hatten beide gleich viel Kraft, man sah sie mit einem Haß kämpfen, der deutlich in ihren verzerrten Gesichtern zu erkennen war; doch vielleicht rührte diese Verzerrung eher von dem Ungeschick des Stechers her, als daß sie das Ergebnis seines Einfallsreichtums war.

Schließlich rollten die beiden Brüder auf den Boden und in ein großes Morastloch, in dem sie wie zwei Schweine herumpatschten, ohne sich loszulassen.

Jeder hielt einen Stein in der Hand, der ihnen als Waffe

diente, denn sie zerschlugen sich gegenseitig die Köpfe damit; das Blut strömte dem einen von der Stirn, dem andern aus der Nase; sie lagen im Sterben, die Steine fielen aus ihren grausamen Händen. Etwas weiter unten war der Dorfschulmeister dargestellt, der, als er sah, daß die beiden Elenden den Geist aufgeben würden, zu ihnen kam, um von Versöhnung zu sprechen.

Bei seinen Worten sah man die beiden Brüder noch einmal die Beine bewegen und sich, so kräftig sie konnten, gegenseitig mit dem Holzschuh ins Gesicht treten, um zu beweisen, daß die Absicht, sie zu Freunden zu machen, unangebracht sei; der unerschöpfliche Eifer des Schulmeisters war ziemlich gut dargestellt durch die Art, wie er mit Gewalt die Hände der Brüder ergriff und sie ineinanderlegen wollte.

Die beiden Brüder streckten auch ihre Hände aus; der Betrachter freute sich bereits, daß er so erbitterte Feinde endlich versöhnt sterben sehen würde; doch als die beiden Hände sich nahe waren, hakten sie sich ineinander, um sich gegenseitig die Finger zu verrenken und zu brechen.

Schließlich sah man sie über ihrer Anstrengung, einander zu schaden, den Geist aufgeben, und die Hände kamen seltsamerweise von allein zurück, um sich weit entfernt von der feindlichen Hand niederzulegen.

An einer anderen Stelle zeigte der wunderbare Schild einige Schnitter, die geschickt das Getreide sensten, ohne eine einzige Ähre abzubrechen; etwas weiter störte sie die heiße Sonne; sie gingen unter einen Baum, jeder hatte eine Feldflasche mit Wein dabei, ein Stück Brot und Käse; sie verzehrten ihren Vorrat und warteten darauf, daß die große Hitze des Tages nachließe.

Der Schweiß, der von ihren Stirnen tropfte, war durch kleine, als Beulen hervortretende Tränen dargestellt.

Dann sah man sie sich auf dem Gras ausstrecken und in einen friedlichen Schlaf versinken; einer lag mit der Nase auf dem Boden, der andere schnarchte mit offenem Mund; eine Anzahl Mücken summten um diesen Mund, der, an Erschöpfung gewöhnt, ihre Stiche nicht spürte. Inzwischen kam ein kleiner Junge, Sohn eines der Schnitter, um die Insekten mit seinem Hut zu vertreiben; doch der kleine ungeschickte Schelm schlug statt in die Luft mit aller Kraft, über die er verfügte, auf die Nase des Schläfers, der hochfuhr und den kleinen Kerl verfluchte, welcher rasch weglief aus Furcht vor ein paar Maulschellen.

Publizistische Schriften

Marivaux war nicht nur der Verfasser von Romanen und Komödien, er hat auch ein reiches publizistisches Werk hinterlassen: nahezu vierzig Jahre – von 1717 bis 1755 – hatte er mit Unterbrechungen für das französische Wochenblatt *Mercure de France* geschrieben und außerdem selbst drei Zeitschriften herausgegeben, die in der deutschen Ausgabe unter dem Titel: *Betrachtende Prosa* veröffentlicht sind: *Le Spectateur français* (1721-1724), *Der philosophische Vagabund* (1727) und *Die Schriften des Philosophen* (1734). Für diese Zeitschriften war Marivaux der alleinige Herausgeber, Redakteur und Autor. Wie die Daten zeigen, war ihre Lebensdauer sehr kurz – vorwiegend aus finanziellen Gründen. Dennoch sind sie von prachtvoller Fülle und so charakteristisch für den Autor, daß man sie wohl zu recht als den Schlüssel zu seinen Komödien bezeichnen kann.

Das große, umfassende Thema ist auch hier das Nachdenken über den Menschen, die Beobachtung und Analyse seines Verhaltens in der Gesellschaft, der Beweggründe seines Handelns. Daß wir diesen Analysen mit so viel Spannung folgen, liegt gewiß an den vielen, ständig wechselnden Formen, in die Marivaux sie gekleidet hat – Träume, Briefe, Erinnerungen, Erzählungen –, doch auch daran, daß uns der Autor mittels einer Fülle von Figuren jeden Alters und Geschlechts, die sich alle in der Ichform äußern, in den Erkundungsprozeß mit einbezieht. Es ist ein lebendiges Gespräch, in das er uns verwickelt, und an dessen Ende wir eine Menge über uns selbst erfahren haben.

Die Titel der Texte sind von der Herausgeberin hinzugefügt.

Über Literaturkritik
Über den Vorzug dicker Bücher

Jede von Marivaux' drei Zeitschriften hat einen fiktiven Herausgeber. Im *Spectateur français*, dem die folgenden beiden Texte entnommen sind, ist es ein älterer, weitgereister Mann, der die Dinge der Welt mit einigem Abstand sieht, oder besser sehen möchte. Denn was der Autor eine seiner Figuren an anderer Stelle sagen läßt, gilt im Grunde für seine weisen Philosophen überhaupt: »Seit vierzig Jahren schon übe ich das Gewerbe des Philosophen aus und bekämpfe meine Schwächen, und trotzdem bin ich meiner nicht sicherer geworden; mein Zustand gleicht der Gesundheit eines Genesenden, ein Nichts genügt für einen Rückfall.«

Wollte man diesen fiktiven Herausgeber schlicht mit dem Autor gleichsetzen, so sei daran erinnert, daß Marivaux ein junger Mann von Anfang Dreißig war, als er diese Texte schrieb. Dennoch wird seine Einstellung eine ähnliche gewesen sein, und wenn sich der Herausgeber gar über die herrschenden Zustände im Literaturbetrieb beklagt, dann kann man wohl mit Fug und Recht annehmen, daß hier der Autor »in eigener Sache« spricht. Doch hatte er wenig offene Ohren gefunden. Sein Wunsch: »ich hätte gern Kritiker, die verbessern und nicht verderben, die das verbessern, was an der geistigen Eigentümlichkeit eines Autors mangelhaft ist, aber ihn nicht diese Eigentümlichkeit aufgeben lassen« war von kaum einem seiner Zeitgenossen begriffen worden.

Sollte man vermuten, daß ein Beobachter menschlicher Dinge, ein älterer Mann, von dem man Vernunft erwartet, sagen wir es deutlich: ein Philosoph, sollte man von ihm vermuten, daß er die Lust am Schreiben verloren hat, nur weil es unter seinen Lesern welche gibt, die das, was er schreibt, verachten? Und doch ist das der Anlaß für meinen Verdruß. Findet ihr das nicht eine lobenswerte Begründung meines Schweigens? Was für ein elendes Ding der menschliche Geist doch ist!

Ich hatte geglaubt, nicht mehr eitel zu sein, aber ich sehe, daß ich nur die Form der Eitelkeit gewechselt habe. Dabei habe ich alles getan, um von ihr geheilt zu werden; doch haben meine Anstrengungen lediglich erreicht, daß sie, die früher mutig war, jetzt feige ist: unsere Fehler, die wir unter der einen Form bekämpfen, entkommen uns unter einer anderen. Es geht nicht darum, sie zu vernichten, es geht um etwas viel Schwierigeres und Ruhmvolleres, nämlich sie ständig zu verfolgen.

Ja, meine Herren Kritiker! Eure Verachtung hatte mich entmutigt; aber wieso entmutigt? Aus mißvergnügter Eitelkeit hatte ich das Schreiben unterbrochen. Ihr müßt gestatten, daß ich wieder damit beginne; ich rechne zwar immer noch mit eurer Verachtung, aber ich werde sie als ein Mittel gegen diese Eitelkeit benutzen, von der ich mich frei glaubte und die unter der Form von Lustlosigkeit wieder aufgetaucht ist. Nur zu, ihr Herren, ihr tut ein gutes Werk! Ich war sehr bekümmert, daß ich euch nicht gefiel, denn das nahm mir die Ehre, mit euch zusammen geistvoll zu sein. Wie dankbar ich euch bin, daß ich mich um diese Ehre jetzt nicht mehr sorge! Auf, laßt nicht nach, übt gute Kritik oder schlechte, gleichgültig was: es wird immer zu meinem oder eurem Vorteil sein. Ist die Kritik gut, sage ich, der Himmel möge es euch lohnen, ich betrachte euch als meine Wohltäter und verkünde dem Publikum, wie richtig eure Maßstäbe sind. Ist sie schlecht, versuche ich mit allen meinen Mitteln euch zu bewegen, gerechter zu denken; ich werde das Fortschreiten eurer Irrtümer aufhalten, um euch, soweit ich kann, Unrecht zu ersparen: das ist meine Aufgabe. Was nun die Kritiken betrifft, die nur aus abfälligen Bemerkungen bestehen, die sich ohne jegliche Prüfung darauf beschränken, schlicht von einem Werk zu sagen: *das taugt nichts, das ist abscheulich*, so bin ich mit denen rasch fertig, und ihr gebt sicher sofort zu, daß diese Art von Argumentation ihrerseits nichts taugt und abscheulich ist; ein intelligenter Mensch kann nach der Lektüre eines Buches durchaus sagen *es gefällt mir nicht*, er sollte aber nie entscheiden, daß es schlecht ist, bevor er nicht seine Gedanken mit denen der andern verglichen hat; es sei denn, er hätte bei aller Aufgeklärtheit einen Dünkel, eine Anmaßung, die seine Intelligenz beherrschen und gewöhnlich das Zeichen eines beschränkten oder schlecht geordneten Geistes sind. Denn je mehr Geist man hat, um so mehr Dinge erkennt man; und da beobachtet und erkennt man so viele verschiedene Gefühle, so viele Neigungen, die den unsern bestürmen und ins Wanken bringen können, daß man, bevor man deren mehr oder weniger großen Wert abgewogen hat, eine Weile braucht, um sich zu beweisen, daß das, was uns nicht gefällt, vernünftigerweise niemandem gefallen dürfte.

Ach, wie weit wir kämen! welch schöne Werke entstünden, wenn die meisten geistvollen Leute, die sie beurteilen, ein wenig abwägen würden, bevor sie sagen *das ist schlecht*, oder: *das ist gut*. Doch sie lesen, und als erstes gilt die Frage: Gehört der Autor zu ihren Freunden? gehört er nicht zu ihnen? Ist er über die Art, wie man geistreich sein soll, der gleichen Meinung wie sie? Gehört er zu den »Anciens« oder den »Modernes«? Mit welchen Leuten verkehrt er? Hält sein Kreis die »Anciens« für Götter oder nur für einfache Menschen?

Das ist der Ausgangspunkt für die Lektüre eines Buches. Und dann liest man; und was liest man? Sind es die wirklichen Gedanken des Autors? Nein, das ist nicht mehr möglich; sein Name, sein Alter und seine Sekte haben sie verwandelt, von vornherein verdorben oder verschönt.

Man kann sich die Macht, die diese Kleinigkeiten auf den menschlichen Geist ausüben, nicht vorstellen, ebensowenig wie die Verzerrung der Ansichten und die ganze unbewußte Taktik, zu der sie ihn veranlassen, damit er vor sich selbst das, was er vor Augen hat, verfälscht, um sein Vergnügen oder seinen Widerwillen an dem Text zu dämpfen, zu erhöhen, zu bremsen oder abzulenken.

Danach gibt man sein Urteil ab, denn ein geistreicher Mensch muß urteilen, und wäre es nur, damit sein Hochmut die Achtung erfährt, die seine Freunde gegenüber dem bezeugen, was er denkt; und schließlich darf er ihre Erwartung auf einen Schiedsspruch, wie immer er auch ausfallen mag, nicht enttäuschen.

Vielleicht wird man ihm nach der Urteilsverkündung vernünftige Einwände machen; doch es ist bereits geschehen, das Urteil ist gefällt. Und wenn sein Eindruck auch dem Geschmack des ganzen Menschengeschlechts widerspricht, wenn er auch unwillkürlich ahnt, daß er sich getäuscht hat, lieber bewaffnet er seinen Geist gegen seinen eigenen Geist, als daß er sein Urteil widerruft; er verwirrt seine Erkenntnis durch seine eigene Erkenntnis, es ärgert ihn, daß er zu spät klarsieht, und er überzeugt sich davon, daß er nichts sieht; all das, um sich mit gutem Recht die Ehre zu sichern, alles gleich entdeckt zu haben; denn unsere Eigenliebe ist eigenartig, sie will nur einen berechtigten Ruhm genießen, da ist sie unendlich skrupulös; und wenn die gleiche skrupulöse Eigenliebe den Verdacht hat, daß sie den Ruhm nicht verdient, dann trennt sie sich nicht etwa von dem Ruhm, sondern von dem Verdacht, ihn nicht zu verdienen; und jetzt hat sie wieder ihre ganze Gelassenheit und ist so stolz, wie sie gern sein möchte.

Doch das gefällte Urteil geht seinen Weg, dient wer weiß wie vielen keimenden Genies als Regel, und sie passen sich ihm an, leiden sogar für dieses Anpassen und bringen nichts Brauchbares hervor.

Ich für meinen Teil glaube, daß mit Ausnahme einiger überlegener Köpfe, die sich nicht unterdrücken ließen und deren Kraft sie vor jeder schlechten Abhängigkeit bewahrte, ich glaube, wie gesagt, daß in allen Jahrhunderten die meisten Autoren weniger ihre eigenen Vorstellungen hinterlassen haben als vielmehr die reine Nachahmung gewisser geistiger Strömungen, die ein paar mit ihnen befreundete Kritiker für die besten erklärt hatten. Auf diese Weise haben wir ganz selten das Bild des menschlichen Geistes in seiner natürlichen Gestalt: man stellt ihn uns immer nur verzerrt dar; er geht sozusagen nicht seinen eigenen Gang, sondern einen angenommenen, der ihn von seinem Weg abbringt und ihn auf sterile, ständig versperrte Bahnen führt, auf denen er sich nur durch mühsame Arbeit versorgen kann. Ginge er seinen geraden Weg, brauchte er sich um nichts anderes zu kümmern, als seine Gedanken zu entwickeln; so aber, indem er sich von ihnen entfernt, muß er sie einer gewissen Ordnung unterwerfen, die mit seinem Feuer unvereinbar ist und die natürliche Abfolge verhindert, die die wache Aufmerksamkeit für diese Gedanken mit sich bringen würde.

Ist das dann noch Geist? Nein, da sehen wir nicht, was er ist, sondern was die Rücksicht auf nicht durchdachte Ansichten aus ihm macht.

Wieviele Schriftsteller zum Beispiel gibt es wohl, die aus Angst vor dem Vorwurf, nicht natürlich zu schreiben, alles tun, um diesen Vorwurf zu verdienen? und andere, die aus Angst davor, man würde behaupten, sie jagten dem Geist nach, höchst langweilig sind. Denn dem Geist nachjagen und nicht natürlich sein sind die Vorwürfe, die heute in Mode sind.

Aber, werdet ihr sagen, schließlich braucht man doch Kritiker. Ja, ohne Zweifel, man braucht sie, aber ich hätte gern Kritiker, die verbessern und nicht verderben, die das verbessern, was an der geistigen Eigentümlichkeit eines Autors mangelhaft ist, aber ihn nicht diese Eigentümlichkeit aufgeben lassen; doch dazu wäre es nötig, wenn es ginge, daß die Bosheit oder Feindschaft der Parteien nicht die Einsicht der meisten Menschen verfälschte, daß sie ihnen nicht die Ehre nähme, sich gegenseitig gerecht zu beurteilen, daß sie nicht deren gesamte Aufmerksamkeit darauf lenkte, einander zu demütigen, das Gute ihrer Talente zu entehren, sich gegenseitig in der Meinung des Publikums zu vernichten; denn auf diese Weise verachtet ihr, Leser, auf Grund von Kritiken oft Werke, die ihr sonst schätzen würdet; oder, wenn ihr sie gelesen habt, so wette ich, daß die Stellen, wo der Autor am besten gedacht hat, euch am schlechtesten erschienen sind, weil sie euch stärker beeindruckt haben als alles andere und daher bei eurer Voreingenommenheit euch in dem Maße mißfielen, wie sie euch sonst Vergnügen bereitet hätten.

Hat man euch nicht gesagt, dieser Schriftsteller jage dem Geist nach? er sei keineswegs natürlich? Und habt ihr nicht gefunden, daß es stimmt? muß man dem nicht beipflichten? Während des Lesens habt ihr ein Talent mit tiefem Einfühlungsvermögen entdeckt, mit einem scharfen, durchdringenden Blick, einem Gefühl, das stets von der Vorliebe für philosophische Betrachtungen gespeist wird; bei diesem Talent, bei einer so reichen und überlegenen Art, ist man darüber hinaus zwangsläufig eigentümlich, und zwar von seltener Eigentümlichkeit; es ist also abgemacht: er ist nicht natürlich, er jagt dem Geist nach.

Da seht ihr, Leser, wie man euch hereinlegt, so wird das Publikum überlistet und werden die schätzenswertesten Talente um das verdiente Lob gebracht.

*

Ich machte mir neulich das Vergnügen, in einer Buchhandlung Bücher anzusehen, als ein älterer Mann eintrat, der, seiner Miene nach zu urteilen, sehr ernsthaft zu sein schien; er fragte den Buchhändler im Ton des Kenners, ob er keine Neuerscheinungen habe. ›Ich habe den *Spectateur français*‹, antwortete ihm dieser. Der Kunde legte die Hand auf ein dickes Buch, dessen Einband neu war, und fragte: ›Ist es dieser Band?‹ ›Nein, Monsieur‹, entgegnete der Buchhändler, ›der *Spectateur* erscheint nur in einzelnen Lieferungen, hier ist er.‹ ›Bah!‹ machte der andere, ›was soll man mit solch Lieferungen anfangen? Darin können doch nur Albernheiten stehen, und Sie müssen wenig zu tun haben, da Sie dieses Zeug drucken lassen.‹

›Haben Sie den *Spectateur* denn gelesen?‹ fragte ihn der Buchhändler. ›Ich ihn lesen!‹ rief der Kunde, ›aber nein, ich lese nur gute, vernünftige, lehrreiche Sachen, und die finde ich nicht in solchen Lieferungen. Gewöhnlich sind das nur kleine Werkchen junger Leute, die die Munterkeit von Schülern haben, deren Einfälle eher hirnlos sind als brillant und die ihre schlechten Geistesverrenkungen für eine leichte, feine, ungezwungene Art des Denkens halten. So etwas will ich nicht haben, mein Lieber, auf kindische Originalitäten bin ich ganz und gar nicht neugierig.‹

›Ich bin ganz der Meinung dieses Herrn‹, mischte ich mich ins Gespräch; ›er redet wie ein vernünftiger Mensch. Wie läppisch, diese Lieferungen! Kann auf so wenig Papier etwa Vernunft, gesunder Menschenverstand und Scharfsinn enthalten sein? Brauchen sie nicht viel Platz? Fiele es einem großen Geist jemals ein, anders als in dicken Bänden zu denken und zu schreiben? Urteilen Sie selbst, von welchem Gewicht Gedanken sein können, die in einem Druckbogen eingeschlossen sind, den man mit einem einzigen Atemzug wegblasen kann! Und selbst wenn sie vernünftig wären, ist es eines Menschen von fünfzig zum Beispiel würdig, ein fliegendes Blatt zu lesen, solch einen Firlefanz? Das würde ihn in einen dummen Jungen verwandeln und ihm seine Ernsthaftigkeit nehmen; er würde sich erniedrigen. Nein, in dem Alter darf ein Kenner, darf jeder Mensch mit Geist nur Foliobände öffnen, große, durch ihr Gewicht ehrwürdige Bücher, die ihn beim Lesen in eine schickliche Haltung bringen, so daß er allein beim Anblick des Titels und beim Umblättern jeder Seite des dicken Buches sich mit Beruhigung sagen kann: das ist das Richtige für einen so ernsthaften und nachdenklichen Menschen wie mich. Und er fühlt sich von einer philosophischen Einsamkeit umgeben, in der er voller Frieden das Vergnügen der Vorstellung auskostet, er nähre sich von einer geistigen Kost, deren Geschmack nur von ernsten Überlegungen herrührt. Nun, Monsieur, was meinen Sie? Sind das nicht Ihre Gedanken?‹

Meine Worte überraschten den guten Mann ein wenig. Er wußte nicht, ob er sich empören sollte oder schweigen; ich ließ ihm keine Zeit zu einer Entscheidung. ›Monsieur‹, begann ich erneut und hielt ihm ein ziemlich dickes Buch hin, ›da ist ein *Lehrbuch der Moral*. Der Band ist nicht übermäßig dick, und zur Not könnte man ihm seinen bescheidenen Umfang vorwerfen, doch ich rate Ihnen trotzdem, Gnade walten zu lassen wegen seines Inhalts; es geht um die Moral, und zwar die Moral schlechthin. Zum Henker! Sie sehen, daß das eine wichtige Lektüre ist und der Gelassenheit eines vernünftigen Menschen würdig; vielleicht finden Sie sie sogar langweilig, aber um so besser! In unserm Alter ist es schön, die Langeweile zu unterstützen, die eine von Natur aus nüchterne, ernste und kunstlose Materie verursacht, deren Art man gewissenhaft erhalten hat. Hätte man Vergnügen an der Lektüre, würde das alles verderben. Eine sehr merkwürdige Moral, die auf angenehme Weise lehrreich ist! Für diesen Preis kann sich jedermann Belehrung verschaffen, darauf sollte ein vernünftiger Mensch nicht begierig sein; denn er braucht weniger das

Nützliche als die Ehre, wie ein Mensch zu handeln, der der Anstrengung fähig ist, das Nützliche zu suchen, und da ist maßlose Trockenheit eines dicken Buches genau das Richtige für ihn.‹

›Jeder hat seinen eigenen Geschmack‹, erwiderte mir der Kunde, ›ich sehe, Sie haben einen anderen‹; und er ging verärgert und kopfschüttelnd aus dem Laden; doch vielleicht wird unser Gespräch ihn noch mit den Broschüren versöhnen; wenn auch nicht mit meinen, die, mag sein, das nicht verdienen, so doch wenigstens mit denen der andern.

Über Frauen, Liebe und Ehe

In Anbetracht der Empfindlichkeit Marivaux' gegenüber jeder Form der Verletzung von Menschenwürde ist es nicht verwunderlich, wie häufig er in seinen Werken auf die zu seiner Zeit bestehende Rechtlosigkeit der Frauen hinwies und diese immer wieder als die Beutetiere reicher Männer darstellte. In der *Betrachtenden Prosa* etwa heißt es:

»Ihr reichen Männer, die ihr dank ihres Elends (junger, armer Mädchen) über ihre Tugend siegen wollt, ich bitte euch, schenkt mir eure Aufmerksamkeit. Ihr sollt keine frommen Ermahnungen hören, nichts von gottesfürchtigen Gefühlen; nein, ich will nur versuchen, als redlicher Mensch zu euch zu sprechen, als ein Mensch, der ebenso von seinen Sinnen abhängig ist wie ihr, der schwach ist und, wenn ihr wollt, auch lasterhaft, doch bei dem die Laster und Schwächen nicht roh sind und nur bestehen, weil eine menschliche Großmut sie zugibt. Lasterhaft, ja, ich wiederhole es, aber wie ein anständiger Mensch, den sein Herz zum Glück nötigenfalls zwingt, die Interessen der andern trotz den eigenen zu schonen, und der sich kein Vergnügen wünscht, das einem anderen Menschen Schmerz verursacht.«

Die im *Spectateur français* veröffentlichte recht pikante Geschichte einer Polin ist eine seiner vielen, an junge Mädchen gerichteten Warnungen, den Männern zu vertrauen. Der darauffolgende Text, den Marivaux selbst *Über die verheirateten Frauen* betitelt hat, weist mit besonderer Schärfe auf die Unterschiede der gesellschaftlichen Stellung von Mann und Frau hin. Charakteristisch für den Analytiker Marivaux ist, daß er sich nicht darauf beschränkt, die Koketterie der Frauen zu beschönigen oder zu entschuldigen, sondern ihre tatsächlichen Ursachen ergründet und die Verantworlichen dafür benennt.

Die Gedanken darüber, daß die Ehe ein Liebesverhältnis bleiben und nicht zur Banalität verkommen sollte, hat der fiktive Herausgeber des *Spectateur français* den von ihm übersetzten Aufzeichnungen eines Spaniers entnommen.

Bei dieser Gelegenheit erinnere ich mich an einen Polen, den ich auf einer meiner Reisen kennenlernte und der mir erzählte, daß in seinem Land ein alleinstehendes Mädchen aus sehr guter Familie namens Eleonor einen jungen Mann liebte, der sie seinerseits heftig wiederliebte.

Sie standen kurz vor ihrer Vermählung, als ein unvorhergesehenes Ereignis diese verhinderte.

Mirski (so hieß der junge Mann) war über das Hindernis, das sein Glück hinauszögerte, verzweifelt. Eleonor seufzte insgeheim nicht weniger als er darüber. Der Umstand, daß sie sich bei ihrer großen Liebe täglich sahen und niemandem über ihr Handeln Rechenschaft schuldig waren, trug kaum dazu bei, ihre ungeduldige Sehnsucht nach Vereinigung zu verringern.

Das Hindernis ließ sich jedoch nicht so rasch beseitigen; ihre Liebe wuchs ständig, sie litten unter ihrem Beisammensein und konnten sich doch nicht missen. Es gab keine Möglichkeit, sich heimlich zu vermählen, da sie Trauzeugen brauchten und deren Indiskretion fürchteten.

›Wie!‹ sagte eines Tages Mirski, ›darf ich denn nicht glücklich sein? Ach, wann werde ich es endlich sein können, meine teure Eleonor! sagen Sie es, wann gehören Sie mir? wann sind die Schwierigkeiten, die uns daran hindern, endlich beseitigt? Kommen nach diesen nicht wieder andere? ach, wer weiß! hatten wir die jetzigen erwartet? Auf diese Weise kann unsere Liebe das ewige Spielzeug des Zufalls werden. Warum machen wir sie davon abhängig? was hat der Zufall mit unseren Gefühlen gemein? Sie lieben mich, nicht wahr? Ich bete Sie an, Sie kennen meine Seele bis auf den Grund; Sie sind mein ganzes Glück, ich bin, wie Sie sagen, ganz das Ihre. Hier ist Ihre Hand, hier ist meine: vereinigen wir sie, und wir sind Gatten. Die Sitte will es, daß wir Zeugen haben; nun, haben wir nicht unsere beiden Herzen? Wo finden Sie achtenswertere und verläßlichere Zeugen? wäre Ihnen eine ganze Welt von Garanten lieber als ich, der ich Ihnen die Treue schwöre? wäre sie mir lieber als Sie, an die dieser Schwur gerichtet ist?‹

›Ja, Mirski‹, antwortete Eleonor etwas verwirrt; ›ja, ich würde mich auf Sie verlassen, und ich glaube, es ist überflüssig, Ihnen das zu sagen. Nicht nur wegen Ihrer Liebe habe ich Vertrauen zu Ihnen, nein, Sie brauchten mich nicht zu lieben, um in meinen Augen ein redlicher Mensch zu sein. Aber wissen Sie auch, was Sie verlangen, wissen Sie, wer ich bin? Man hat uns bestimmte Verpflichtungen auferlegt; und obwohl ich mich ihrer Ihnen gegenüber ruhig entledigen könnte, kenne ich sie, und Ihnen sind sie auch bekannt; in jedem Falle bedeutete es, sich ihrer zu entledigen, und die Beweise meines Vertrauens in Sie wären gleichzeitig Beweise meiner Verwegenheit.‹

Mirski antwortete auf diese Sätze nur mit Seufzern und Tränen. Eleonor liebte ihn zu sehr, um ihn so unglücklich sehen zu können. ›Trösten Sie sich‹, sagte sie zu ihm, ›mein Herz ist ebenso traurig wie Ihres; ich weise Ihr Treuegelöbnis nicht völlig ab; ich verspreche Ihnen aber auch nicht, es anzunehmen; ich will darüber nachdenken.‹

Unsere Liebenden trennten sich. Als Eleonor allein war, überfiel sie die größte Unruhe. Was Mirski ihr vorschlug, erschreckte sie; sie errötete bei dem Gedanken und überließ sich gleichzeitig dem Vergnügen, daran zu denken. Von Liebe und Furcht bewegt, verlor sie sich in ihren Empfindungen, überlegte nichts, fühlte nichts Bestimmtes in ihrem Herzen, nur eine gefährliche Süße, die sie nicht zu genießen wagte und doch unwillkürlich genoß.

Die Sache war entschieden; Eleonor hätte ihrer Liebe

ohne Zweifel nachgegeben, denn die wenigen vernünftigen Überlegungen, die ein Mädchen in solchen Augenblikken anstellt, führen zu nichts; das ist stets nur eine ehrenhaftere Art, sich zu ergeben.

Doch sie hatte eine Vertraute, Fatima, eine alte Jungfer, die sie aufgezogen hatte, deren Lebensklugheit sie schon oft erfahren hatte und vor der sie nichts geheimhielt. Diese Frau kam in ihr Zimmer und merkte ihre Verwirrung; sie fragte Eleonor nach dem Grund, und diese öffnete Fatima ihr Herz, gestand ihre Schwäche, begründete sie mit der Notwendigkeit, sich Mirskis zu vergewissern, da es offensichtlich unmöglich sei, ihn auf andere Weise zu heiraten, und versicherte sie der geringen Gefahr, einem Mann seiner Art zu vertrauen.

Fatima war über die Absichten ihrer Herrin entsetzt, verheimlichte jedoch ihre Meinung: sie tat gut daran. Leidenschaften sind wild und scheu; man muß sie zunächst schonen, ihnen sozusagen ein freundschaftliches Gesicht zeigen und so ihr Vertrauen gewinnen, um sie dann besser zu bekämpfen.

›Madame‹, antwortete sie Eleonor, ›Ihre Lage ist schwierig; Sie können Mirski nicht ohne Aufsehen heiraten, und für eine heimliche Verbindung mit ihm können Sie nur mich als Zeugin nehmen; doch meine Zeugenschaft genügt nicht; so bleibt Ihnen bei der augenblicklichen Lage nur sein Treuegelöbnis. Sie sind von seiner Redlichkeit überzeugt; ich bin es ebenfalls; doch ohne daran zu zweifeln, müssen Sie versuchen, ihrer noch sicherer zu sein. Die Achtung, die Sie Mirski gegenüber empfinden, ist Ihrer und auch seiner noch nicht würdig: sie ist noch nicht genügend begründet; vielleicht würden Sie ihn weniger achten, wenn Sie ihn weniger liebten. Seien Sie vorsichtig, Madame: eines Tages könnte er selbst der Meinung sein, daß Sie zu rasch waren; er könnte sagen, daß Ihre Achtung verwegen war, und das würde die seine erschüttern. Ersparen Sie ihm diese Gewissenszweifel; verhalten Sie sich so, daß seine Tugend der Ihren nichts vorzuwerfen hat; ja, retten Sie sich vor dem Schimpf, eines Tages eher für zärtlich als für sittsam gehalten zu werden, und überlassen Sie nichts den zukünftigen Überlegungen Ihres Ehemannes, was Ihnen keine Ehre macht.‹

Hier darf sich niemand an dem Ausweg stören, den Fatima findet; er ist nicht christlich, und ich billige ihn nicht; ich gebe nur eine Geschichte wieder.

›Ich will Ihnen sagen, was zu tun ist‹, fuhr sie fort. ›Sie haben eine junge, gewitzte Sklavin, deren Stimme den gleichen Klang hat wie Ihre, wir verwechseln sie täglich. Tun Sie so, als gingen Sie auf Mirskis Vorschlag ein, doch nur in der Nacht; die junge Sklavin nimmt Ihren Platz ein, Mirski wird sich im Dunkeln täuschen und sie für seine Gattin halten; Sie lassen ihn eine gewisse Zeit in diesem Irrtum; seine Liebe kann vielleicht nachlassen, doch gleichviel, es geschieht nicht auf Ihre Kosten, und wenn er dann, trotz diesem Nachlassen, trotz dem Hindernis, das heute Ihrer Hochzeit im Wege steht, noch bereit ist, Ihnen öffentlich die Hand zu reichen, wie Sie es angeblich wünschen, dann, Madame, dürfen Sie auch im geheimen seine Schwüre annehmen, ich werde Sie nicht mehr davon abhalten, Sie dürfen sich auf sie verlassen, und Ihr Vertrauen ist vernünftiger.‹

›Aber was wird Mirski zu dieser Täuschung sagen?‹ antwortete Eleonor; ›wird er sich nicht über meinen ungerechten Verdacht beklagen?‹ ›Ach, Madame, machen Sie sich keine Sorgen‹, sagte Fatima; ›die Beweise von Klugheit oder Tugend bei einem Mädchen haben noch nie etwas im Herzen eines Mannes verdorben. Mirski wird sich über Sie beschweren und Sie um so mehr lieben.‹ Eleonor gab nach; Fatima, die über ihr Verhalten entzückt war, wollte sie mit einem Beispiel von der Treulosigkeit der Liebhaber noch bestärken. ›Nicht alle Männer‹, sagte sie, ›sind so anständig wie Mirski es ohne Zweifel ist. Der Sohn Ihres Stallmeisters, Madame, will jetzt ein Mädchen nicht zur Frau nehmen, das sich aus übertriebenem Vertrauen zu ihm ins Unglück gestürzt hat; erlauben Sie, daß ich ihn rufen lasse; sein Verhalten wird Sie ärgern, aber beherrschen Sie sich, Sie werden seine Gründe erfahren.‹

Man ließ den jungen Mann holen. ›Viniescho‹, sagte Fatima zu ihm, als er eintrat, ›ich habe Madame von dir erzählt; sie findet dein Abenteuer mit deiner Geliebten amüsant, aber sie möchte es gern von dir selbst hören.‹ ›Das ist nur eine Bagatelle, die das Interesse von Madame gar nicht verdient‹, entgegnete er; ›es geht um ein Mädchen, das ich geliebt habe, das mir erklärt hat, es liebe mich auch und das ich gedrängt habe, mir den Beweis dafür zu geben; das hat sie getan, und jetzt ärgere ich mich darüber, denn sie ist in einer Verlegenheit, aus der ich ihr nicht helfen kann.‹ ›Warum heiratest du sie nicht?‹ fragte Eleonor lächelnd. ›Ich, Madame!‹ entgegnete er, ›da müßte ich sehr schlecht sein, um ihr Mann zu werden; das lehne ich aus Freundschaft ab, aus Dankbarkeit, damit erspare ich ihr ein Unglück; ich würde sie nur täuschen: ich liebe sie nicht mehr, und Sie wissen selbst, daß ein Mann seine Frau lieben soll und achten, was noch schlimmer ist.‹ ›Wie, Viniescho, verachtest du sie etwa jetzt?‹ fragte Eleonor. ›Der Himmel bewahre mich, Madame, ich werde sie immer achten, vorausgesetzt, sie gehört einem andern; aber meine Achtung ist nicht so eine, wie man sie seiner Frau in der Ehe entgegenbringen muß, sie würde niemals die Last des Ehejochs aushalten; dazu ist sie jetzt zu empfindlich, ich würde sie verlieren, und ohne die Achtung ist man seiner Gefährtin gegenüber zu schlecht gelaunt.‹ ›Nun‹, entgegnete Eleonor, ›deine Geliebte ist wirklich zu bedauern, du hast ihr Treue geschworen, und nun bestrafst du sie dafür, daß sie dich für anständig gehalten hat und läßt sie ohne Ehre sitzen.‹

›Ich gebe zu, Madame, ich habe ihr Treue geschworen‹, antwortete er, ›und hätte sie auch tausendmal geschworen. Aber ist ein verliebter Mann für seine Schwüre verantwortlich? kann er sich ihrer enthalten? ist er noch sein eigener Herr? hat er noch Vernunft? Wenn ich in einem Anflug von Tollheit geschworen hätte mich umzubringen, wäre ich dann gezwungen, meinen Schwur zu halten? Na also! Die Liebe ist ein Aufruhr, man weiß nicht, was man redet, wenn man liebt. Einem Mädchen die Ehe zu versprechen, wenn sie sich einem hingibt, bedeutet das nicht, ihr eine Unverschämtheit zu versprechen? bedeutet das nicht, ihr zu sagen: Ich verpflichte mich, dich als Frau zu nehmen, wenn du das gar nicht mehr verdienst? Warum läßt sie sich also darauf ein? Weil sie dich für redlich hält, heißt es. Aber das stimmt nicht; sondern weil sie ebenso den Verstand verloren hat, weil sie dich liebt und den Wunsch, dich auf die Probe zu stellen, für die Überzeugung von deiner Redlichkeit hält. Wie soll man sich sonst ihre Willfährigkeit erklären, Madame? Tausend Beispiele schreien ihr von allen Seiten zu: sei brav! seine Schwüre taugen nichts, sie sind wertlos, dein zukünftiger Ehemann wird sie nicht halten und ist dennoch nicht eidbrüchig. Trotz alledem bleibt sie dabei, und das ist ärgerlich. Aber für das Unglück, das ihr passiert, kann ein Liebhaber nichts, er ist nur die unschuldige Ursache. Wenn er wieder zu sich kommt, ist er ein Mann, der aufwacht, und der augenblicklich alle Illusionen verschwinden sieht, von denen er während seiner Liebe geträumt hat. Er weiß nicht, wohin all die zärtlichen Gefühle verflogen sind; er findet sich mit einem erkalteten Herzen wieder, gelassen, erschöpft; die begehrenswerte Geliebte gibt es nicht mehr; er sieht statt ihrer nur ein unbesonnenes Mädchen, dessen Gegenwart ihn langweilt, dessen flehendes Bitten ihn ärgert, dessen Zärtlichkeit ihm lästig ist und das eine Sprache spricht, die er nicht mehr versteht. Sie ist noch toll; er ist frei; verfolgt sie ihn? dann ist es nur natürlich, daß er sie sitzenläßt.‹

Eleonor konnte Abscheu oder Entsetzen über diese Worte nicht zurückhalten. ›Geh, Elender, und laß dich nie wieder vor mir blicken‹, rief sie empört.

Viniescho erblaßte und ging hinaus. ›Was habe ich da eben gehört?‹ rief Eleonor. ›Welch ein Ungeheuer ist dieser Mann! Ach, Mirski, verzeihen Sie mir meine Ängste. Fatima, ich überlasse mich deiner Führung; ich bin zutiefst bestürzt und weiß nicht den Grund dafür.‹

Nach diesen Worten seufzte Eleonor nur noch. Mirski kam zurück; alles geschah, wie es geplant war. Seine Liebe wurde zunächst noch größer; sie war in den ersten Tagen sehr heftig, nahm dann aber ab; schließlich verschwand Mirski ganz, und einen Monat später erfuhr man, daß er sich mit einer anderen verheiratet hatte. Er erfuhr die Wahrheit über sein Abenteuer, Eleonor hatte dafür Sorge getragen, und es heißt, daß der Treulose nach einiger Zeit des Leidens vor Kummer gestorben sei; so ist der Mann.

Über die verheirateten Frauen

Die Männer behaupten, Schwäche sei ein natürliches Erbteil der Frauen. Das mag an sich richtig sein. Aber haben wir ein Recht dazu, das zu sagen, oder sogar zu glauben? Betrachten wir zum Beispiel einmal die Aufteilung der Pflichten, die wir in der Ehe zwischen den so schwachen Geschöpfen und uns, die wir so stark sind, vorgenommen haben; da werden wir sehen, ob die Waage gleich steht.

Verheiraten wir ein junges Mädchen mit einem Rohling, denn von diesen Herren gibt es nur allzu viele; in welchem Ton er manchmal mit seiner Frau spricht! ›Schweigen Sie, Madame; ich will es; lassen Sie mich in Ruhe; Sie wissen nicht, was Sie sagen; ich will es!‹

Wie demütigend dieses überhebliche *ich will es* ist! Der niedrigste Sklave würde sich mit diesem Satz nicht abfinden. Gibt es eine Seele, für die er nicht grausam ist? Er tritt die Selbstachtung mit Füßen, und mir tut eine Frau leid, deren Würde einer Lebensgefährtin so verletzt, deren eigener Wille so zerstört wird.

Beklagt sich die Unglückliche (werden die Frauen euch sagen), dann wird es noch schlimmer. Der Rohling nimmt es übel. Lehnt sie sich auf, weil es so oft vorkommt? Dann ist sie verloren; die Gesetze erwarten sie, um sie zu verurteilen, um sie dafür zu strafen, daß sie nicht die Kraft hat, unauffällig zu sterben.

Was muß sie denn tun? ›Ach‹, wird man ihr sagen, ›das ist recht ärgerlich, versuchen Sie sich mit Geduld zu wappnen; nur Ihre Tugenden können Ihnen da helfen.‹ Und das ist so gut, als sagte man ihr: Leide, weine, ächze, seufze, übe Tugenden aus, die sich nicht ausüben lassen, und versuche, dich so bis zu deinem Tode hinzuschleppen, dein Lebensende so gut du kannst zu erreichen; das sind alle Heilmittel, die wir gegen deine Not kennen: Geduld und Tod.

Man nenne uns einen einzigen Punkt, wo wir nicht benachteiligt sind (fügen sicher die Frauen hinzu, denn diese lasse ich sprechen).

Wenn sich eine Frau schlecht verhält, Liebhaber hat, die eheliche Treue bricht, dann gibt es keine Gnade für sie: sie wird eingesperrt, ihr Vermögen beschlagnahmt, man zwingt sie zu einem harten, kargen Leben, sie wird entehrt, und sie verdient es.

Was aber tut man mit einem treulosen Ehemann, der Mätressen hat, mit ihnen zusammenlebt, sich, seine Frau und seine Kinder ihretwegen an den Bettelstab bringt? Was tut man mit dem? Er hat das gleiche getan wie seine Frau, die dafür eingesperrt wird.

Und wir dürfen nicht vergessen, daß die Frau ihre Ausschweifungen so heimlich gemacht hat wie möglich; sie war sogar scheinheilig, aus Angst, Anstoß zu erregen. Ihr Laster war zurückhaltend, es verkroch sich im dunkeln, sie hat es kaum genossen.

Betrachtet einen treulosen Ehemann. Gibt es etwas Dreisteres als seine Ausschweifungen? Unternimmt er etwas, um sie vor seiner Frau zu verbergen? Ach, was macht das schon, wenn sie es weiß? Er muß nur ihre Tränen sehen, das ist alles. Wird er die Ausschweifungen vor seinen Freunden verbergen? Die würden nur lachen. Vor den andern? Was würden die ihm sagen? Ist er nicht Herr seiner Handlungen? Ist es ihm nicht erlaubt, die Sitten zu verderben und lasterhafte Beispiele zu geben? Was macht das schon!

Doch noch einmal: seine Frau wird bestraft. Und was tut man mit ihm? Das möchten wir gern wissen. Was geschieht mit ihm?

Wo sind die Ehemänner, die man einsperrt, deren Vermögen beschlagnahmt wird? Sind sie wenigstens in der Gesellschaft entehrt? Keineswegs!

Herr X gerät auf Abwege, heißt es. Seine Frau ist reizend, seine Geliebte kommt ihr nicht gleich.

Was bedeutet das: seine Frau ist reizend? Ist das alles, was es dazu zu sagen gibt?

Und wenn er selbst nur ein Pavian ist, häßlich und von schlechtem Charakter, dann verzeiht ihr der reizenden Frau nicht, wenn sie ihn betrügt, während ihr ihm, dem Mann, verzeiht, daß er es mit viel Aufsehen tut, so reizend sie auch ist. Diese Ungerechtigkeit übersteigt alles Vorstellbare.

Wir sagten, daß man ihm, dem Ehemann, verzeiht. Aber das ist noch nicht alles!

Was denn! Seine Ausschweifungen, oder besser seine Liebesaffären machen ihn berühmt; sie machen ihn zu einem Helden, auf den man neugierig ist; man zeigt ihn einander im Theater, belauert den Augenblick, da er einen grüßt. Wo ist er? heißt es; er ist eben gekommen; ach, da ist er ja: das ist er, der berühmte Schänder der moralischen Ordnung.

Und man muß gesehen haben, wie gerade er sich hält, wie er sich aufspielt, und mit welcher überheblichen Selbstsicherheit er sein Gesicht zur Schau stellt.

He, für wen hält man uns eigentlich? (sagen die Frauen wieder). Die Männer sollen das einmal erklären: wollen sie uns die Ausübung der Tugend als eine leichte Sache überlassen, die unsere Kräfte nicht übersteigt? Oder ist diese Tugend so schwer auszuüben, daß nur wir das können? Verdienen nur wir allein, dank der hervorragenden Eigenschaften unseres Geschlechts, welche zu haben, sie zu befolgen und bestraft zu werden, wenn wir es nicht tun?

Sind die Männer dagegen nicht würdig, tugendhaft zu sein? Ist ihre Würdelosigkeit ohne Bedeutung? Wenn dem so ist, sollen sie es nur sagen, und wir werden kein Wort darüber verlieren, wir werden sogar die ersten sein, die die Strafen als gerecht empfinden, mit denen man uns überhäuft, wenn wir einen Fehltritt begehen, denn dann sind sie der Beweis für Größe.

Aber daß die Männer die Dreistigkeit haben, uns als schwach zu verachten, während sie für sich die ganze Bequemlichkeit der Laster in Anspruch nehmen und die ganze Schwierigkeit der Tugenden uns überlassen – ist das nicht widersinnig?

Wir werfen den Frauen vor, kokett zu sein, hinterhältig und schlecht. Lassen wir sie dazu etwas sagen.

Wenn unsere Koketterie ein Fehler ist, ihr Tyrannen (werden sie uns sagen), wen anders müssen wir dafür anklagen als euch Männer?

Habt ihr uns andere Möglichkeiten gelassen als die elende Beschäftigung, euch gefallen zu müssen?

Wir sind schlecht, sagt ihr? Wagt ihr es, uns das vorzuwerfen? Da ihr uns jeden Einfluß entzieht, jede Tätigkeit, die uns beschäftigt, jedes Mittel, uns Respekt zu verschaffen, so wie ihr euch welchen verschafft, mußten wir uns da nicht mit Geist und Einfallsreichtum für das von eurer Tyrannei uns angetane Unrecht entschädigen? Sind wir nicht eure Gefangenen, und seid ihr nicht unsere Kerkermeister? Was bleibt uns in dieser Lage anderes als List? als ein unwirksamer Mut, den ihr zu der schändlichen Notwendigkeit zwingt, Schlauheit zu werden? Unsere Falschheit ist nur die Frucht unserer Abhängigkeit. Unsere Koketterie ist unser einziges Gut. Wir haben keine anderen Möglichkeiten als die, Gnade vor euren Augen zu finden. Unsere eigenen Eltern werden uns nur zu diesem Preis los; wir müssen euch gefallen, oder wir altern unbeachtet in ihren Häusern. Nur so entgehen wir eurem Vergessen, eurer Mißachtung; nur indem wir uns den Schimpf antun, unsere guten Eigenschaften und Tugenden, die ihr nicht weiterentwickelt, sondern unterdrückt, durch demütigende Taktiken und sogar Laster zu ersetzen, treten wir aus dem Dunkel, bringen wir euch Achtung bei und sind wir etwas.

*

Ich habe nichts gegen die Ehe, an ihr liegt es nicht, wenn dieser Widerwille auf die Liebe folgt. Es gibt Liebende, die lieben sich seit zehn Jahren, ohne sich aus den Augen zu verlieren. Was geschieht? Manchmal ist ihre Liebe lau, sie schläft hin und wieder ein, weil sie daran gewöhnt sind sich zu sehen; doch erwacht sie wieder, gewinnt ihre Kraft zurück und geht unmerklich von der Gleichgültigkeit zur Heftigkeit über. Warum verhält es sich in der Ehe nicht ebenso? Vielleicht weil man sich am Altar Liebe geschworen hat? Gut, aber was bedeutet dieser Schwur? Nichts, außer daß man sich verpflichtet, stets so zu handeln, als liebe man sich, auch wenn man sich nicht mehr liebt; denn was das Herz angeht, so kann man sich das nicht für immer versprechen, es gehört uns nicht; doch sind wir Herr unserer Handlungen, und für die garantieren wir Treue, das ist alles. Bleibt also dieses Herz, dessen Liebe ständig verlockt werden muß, da sie immer ein reines Geschenk ist; denn wenn Eheleute sie sich auch versprechen, so können sie sie doch nur erhalten, solange sie sich durch gegenseitige Rücksichten darum bemühen. Daher sind Eheleute nichts anderes als glückliche Liebende, die sich nirgend anderswo binden dürfen, aber trotz der Ehe stets eifersüchtig auf die Ehre und das Vergnügen bedacht sein sollten, sich gegenseitig zu gefallen, weil nicht die Heirat sie bindet, sondern ihre Zuneigung, die sie füreinander liebenswert macht; und wie ich Ihnen schon sagte, ihre Pflicht ist es, sich als Liebende zu verhalten, doch nicht unbedingt, es wirklich zu sein. Wenn sie einander nicht mehr lieben, dann ist der Liebhaber in den Augen seiner Geliebten nicht mehr liebenswert, dann hat die Geliebte für ihren Liebhaber keine Reize mehr. Und das, scheint mir, ist demütigend; ich kann nicht verstehen, wieso die Eigenliebe das nicht als eine Verminderung ihrer Vorteile empfindet, wieso sie nicht daran denkt, sich diese Kränkung zu ersparen, denn es ist eine, genau wie zwischen Liebenden, die die Ehe nicht vereint hat; es ist genau das gleiche. Wie, sollten wir in dem vielleicht einzigen Fall, wo stolz und eitel zu sein unser Vorteil wäre und uns die ganze Annehmlichkeit unseres Lebens einbrächte, unsern Stolz und unsere Eitelkeit aufgeben, ohne darum lobenswerter oder bescheidener zu werden, da wir uns doch so hoch schätzen und fast immer aus falschen Gründen, da wir so eingebildet sind und so gern Beweise unserer Vorzüge sehen oder dessen, was wir dafür halten? Zwei junge Menschen heiraten, sie beten sich an, sie wissen genau, womit sie ihre gegenseitige Zärtlichkeit geweckt haben; sie ist die Frucht ihrer Rücksichtnahmen, ihres Gefallens aneinander, ihrer Bemühungen, sich dem andern nur mit einer gewissen Sorgfalt zu zeigen, die ihrer Gestalt ihren Wert gibt oder sie zumindest daran hindert, unangenehm zu erscheinen; sie haben ihre Phantasie respektiert, deren Schwäche sie kennen und deren Ungnade sie sozusagen fürchten, wenn sie sich schlecht gekleidet zeigten. Warum bleiben sie nach ihrer Hochzeit nicht dabei? Und wenn es zu viel ist, warum behalten sie nicht die Hälfte ihrer früheren Aufmerksamkeiten? Warum reizt es sie nicht mehr geliebt zu werden, wenn es mehr denn je rühmlich und vorteilhaft ist? Wäre es nicht sehr schmeichelhaft sich zu sagen: Jetzt bin ich Tag und Nacht mit meiner Geliebten zusammen, Tag und Nacht mit meinem Geliebten; dennoch liebt sie mich, obwohl sie mich ständig sieht; dennoch liebt er mich, obwohl er mich nun ohne Mühe aufsuchen kann, seine zärtlichen Gefühle halten trotz unserem ständigen Umgang an, seine Liebe hält ihm stand?

Über Kindererziehung

Zu einer Zeit, da im allgemeinen die »Schwarze Pädagogik« herrschte, Strenge und die Forderung blinden Gehorsams die Maximen der Kindererziehung waren, plädierte Marivaux für Verständnis, Freundschaft und Liebe als Leitbilder. Der folgende Text ist ebenfalls den fiktiven Aufzeichnungen des Spaniers entnommen. Der junge Mann ist zum Essen bei einem Pariser Bürger eingeladen.

Ich traf bei meinem Gastgeber mehrere Tischgenossen an: er hat vier Kinder, und ich weiß die Zahl so genau, weil Vater und Mutter sie alle vor uns Revue passieren ließen. Einer von ihnen ist ein junger Mann von siebzehn oder achtzehn Jahren, der gerade die Schule verlassen hat. Ich habe ihn kein einziges Wort sagen hören, solange sein Vater anwesend war: er drückte sich nur durch Verbeugungen aus, nach denen er schüchtern zu seinem Vater sah, wie um ihn zu fragen, ob sein Verhalten dessen Vorstellungen entspräche. Der Vater verschwand für ein paar Augenblicke; ich hatte richtig vermutet, daß seine Gegenwart die Seele des jungen Mannes gefangenhielt, und freute mich, als ich sah, wie diese Seele sich rührte, sobald sie frei war, sobald man sie atmen ließ. Ich unterhielt mich daher freundschaftlich mit dem Sohn. Der arme Junge schien sich durch die Schnelligkeit seiner Antworten dafür zu bedanken, daß ich ihm das Vergnügen verschaffte zu reden. Er beeilte sich, seine Zunge zu genießen; ich weiß nicht, wie er es anstellte, aber er verstand es, auf das zu antworten, was ich ihn fragte, ohne sich Zeit zu lassen mich anzuhören, denn er redete ohne Unterlaß; nur ein Mensch, den man lange gezwungen hat stumm zu sein, kann sich so verhalten. Er begann gerade etwas zu erzählen, als wir den

Vater im Nebenzimmer husten hörten; das Geräusch der gefürchteten Brust legte die Zunge seines Sohnes wieder an die Kette. Ich sah Freude, Vertrauen und Freiheit wieder aus seinem Gesicht schwinden; er wechselte den Ausdruck; ich erkannte ihn nicht mehr wieder. Der Vater trat ein, und ich lachte aus vollem Halse, weil er gar nicht weiß, daß er noch nie das Gesicht seines Sohnes gesehen hat. Er würde den Sohn gar nicht erkennen, wenn er ihn je mit dem Gesichtsausdruck fände, den er mir gegenüber gezeigt hatte, und ich frage Sie, ob die Wahrscheinlichkeit besteht, daß er über seinen Geist und seine Seele besser Bescheid weiß.

Wie ist ein Kind doch schlecht erzogen, wenn es als einziges lernt, vor seinem Vater zu zittern. Sagen Sie mir, welche Fehler ein Vater bei seinem Sohn bessern kann, wenn diejenigen, die dieser Sohn mit auf die Welt gebracht hat, ihm unbekannt sind und sich nicht zu zeigen wagen; wenn sie, sozusagen durch seine außerordentliche Strenge erschreckt, sich in die Tiefe der Seele geflüchtet haben, wenn er aus dem Sohn nur einen nach Freiheit dürstenden Sklaven macht, der diese Freiheit, wenn er sie einmal hat, wie ein Wahnwitziger ausnützen wird.

Wollen Sie rechtschaffene Menschen aus Ihren Kindern machen? Dann seien Sie nur ihr Vater und nicht ihr Richter und ihr Tyrann. Und was bedeutet, ihr Vater zu sein? Es bedeutet, sie davon zu überzeugen, daß Sie sie lieben. Diese Überzeugung gewinnt Ihnen ihre Herzen: wir lieben stets diejenigen, bei denen wir gewiß sind, daß sie uns lieben. Und wenn Ihre Kinder Sie lieben, wenn sie die Autorität, die Sie über sie behalten, nicht als ein verhaßtes Recht empfinden, das die Gesetze Ihnen verleihen und auf das Sie stolz pochen, sondern als den Ausdruck einer zärtlichen Besorgnis, die ihr Gutes will, die sie um das zu bitten scheint, was sie ihnen zu tun auferlegt, die freiwillig etwas erreichen möchte und nicht unterdrücken will, die nicht etwa, wie es oft vorkommt, ein lebhaftes Vergnügen daran findet, die Kinder zu etwas zu zwingen, sondern darunter leidet, oh, dann sind Sie der Vater Ihrer Kinder; diese werden Sie nicht als einen harten Herrn fürchten, sondern wegen Ihrer Liebe ebenso wie wegen des Interesses, das Sie ihnen entgegenbringen, als einen Freund achten. Sie werden nicht mehr Angst davor haben, gegen Ihre Autorität zu verstoßen, sondern wollen Ihr Herz nicht verletzen; und Sie werden sehen, wie leicht die Vernunft ihre Seele erfüllt, begünstigt noch von zärtlichen Gefühlen, die Sie in ihnen geweckt haben.

Ich sah noch zwei kleine Kinder von sieben oder acht Jahren, zwei sehr hübsche Maschinchen. Ich nenne sie Maschinen, weil man sie nur dazu abgerichtet hatte, ein paar Sätze zu plappern, wie: ›gehorsamer Diener‹, ›ich bin so frei‹ usw., was mir gar nicht gefiel. Mein Gott, selbst wenn Kinder nur Frechheiten entgegnen würden, lassen wir sie doch eigene Gedanken haben. Wozu nützt ihnen das, was sie als Papageien nachplappern? Hören wir uns ihre Frechheiten an und erklären wir ihnen hinterher: das sollte man lieber nicht sagen. Nichts macht ihren Geist träger als der Vorrat an kleinen Sätzen, die man ihnen eingetrichtert hat und auf die sie sich stützen.

Über falsche Erziehung zur Frömmigkeit
Über die Behandlung eines alten Vaters

Marivaux hat in seinem *Spectateur français* mehrmals den Kunstgriff des fiktiven Briefes an den fiktiven Herausgeber verwandt. Dabei versetzte er sich ebenso gut in die Mentalität eines jungen Mädchens wie in die eines alten Mannes.

Monsieur le Spectateur,
bevor ich Ihnen von mir erzähle, möchte ich Ihnen gern sagen, daß ich Ihre Schriften immer genau lese und sie mir viel Vergnügen machen, sofern Sie nicht von den *Anciens* oder den *Modernes* oder den *Schöngeistern* reden; denn in diesen Fällen, bitte entschuldigen Sie, erlaube ich mir, Ihre Artikel zu überspringen, weil ich die Gedankengänge nicht mag, die Sie, glaube ich, metaphysisch nennen, wobei ich nur das Wort kenne, ohne recht zu wissen, was es bedeutet.

Trotzdem ahne ich, daß Sie in diesen Artikeln wunderbare Gedanken entfalten; aber da sie mich langweilen, sobald ich zwei Zeilen gelesen habe, weiß ich keinen anderen Ausweg, als sie für gut zu erklären und beiseite zu legen, und das ist für Sie ebenso vorteilhaft wie für mich. So sollten Sie eigentlich mit meinem Verfahren zufrieden sein, und ich hoffe, daß Sie mir dafür entgegenkommen und meine Bitte nicht abschlagen.

Ich bin ein Mädchen zwischen sechzehn und siebzehn; ich bin intelligent, das weiß ich, denn die Leute, die es nicht sind, mißfallen mir, und innerlich lache ich tüchtig über die vielen Dummheiten, die ich so beobachte. Nachdem Sie meine kleine Geschichte gelesen haben, werden Sie sicher finden, daß ich mich zu Recht für ein bißchen gescheit halte. Wenn meine Mutter mir erlaubte, in der Gesellschaft zu verkehren, ich wette, ich bräuchte keinen ganzen Monat, um so viel zu wissen wie die Leute, die ihr ganzes Leben dort zugebracht haben. Ich kann nicht behaupten, daß ich schön bin; nein, aber ich denke, das ist nur ein Vorteil; denn wenn ich es wäre, ich glaube wirklich, daß ich dann nicht so nett aussähe. Und was meine Figur betrifft: neulich hörte ich den Beichtvater meiner Mutter, wie er im Ton eines Mannes, der weiß, was er sagt, bemerkte: Es läßt sich nicht leugnen, das junge Mädchen ist zum Malen. Das weiß ich, entgegnete sie ihrerseits in einem Ton, als kniete sie im Beichtstuhl, und ich fürchte sehr, daß sie das auch weiß.

Doch ich schwatze und komme nicht zur Sache. Sie müssen es mir verzeihen, Monsieur, daß ein Mädchen meines Alters von seiner Figur und seinem Gesicht spricht, als säße es an seinem Toilettentisch: es findet kein Ende; aber machen wir trotzdem Schluß. Ich will Ihnen nichts von meinem Herzen erzählen, Sie werden aus meinem Brief noch erfahren, wie es damit steht. Sie sollen nur wissen, daß ich liebenswert bin; ich weiß das noch besser, und das ist mein Kummer. Meine Mutter ist außerordentlich fromm und will, daß ich es im gleichen Maße sei wie sie, die über fünfzig ist; hat sie nicht unrecht?

Wenn ich Ihnen das sage, dürfen Sie nicht glauben, ich verurteilte die Frömmigkeit; ich bin so fromm wie es sein muß, und von Natur aus sittsam, aber bis jetzt habe ich mehr Tugend als Gottesfurcht, das ist auch richtig; und ich schwöre Ihnen, daß ich von dieser Gottesfurcht mehr hätte, wenn meine Mutter nicht so viel von mir verlangte. Und das wird nie anders, wenn ich mein ganzes Leben bei ihr bleiben muß.

Vor einiger Zeit war sie einmal sehr krank, wir glaubten, sie würde sterben. Als ich sah, daß sie beichten wollte, beunruhigte ich mich für sie. Diese Frau, sagte ich mir, wird sich nur für ihre eigenen Fehler anklagen, ohne die meinen zu erwähnen, die auf ihre Rechnung gehen. Und ich hatte die Absicht, ihr zu sagen: ›Liebe Mutter, Sie kennen noch nicht alle Ihre Sünden, und ich fühle mich verpflichtet, Ihnen mein Murren zu gestehen, meine Ungeduld und meinen ganzen Widerwillen wegen der religiösen Übungen, die Sie mich machen ließen, und des Drucks, unter dem Sie mich hielten.‹

Ich wappnete mich bereits, um zu ihr zu gehen, als ich erfuhr, daß sie eine Krise hatte, die sie anscheinend von allem befreien würde. Ich hielt mich zurück; aber jetzt schlägt es sechs ... Halb sieben muß ich mich in ihr Zimmer begeben zu einer frommen Lesung, die gewöhnlich eine Stunde dauert. – Wir kommen eben vom Abendgebet zurück; wir waren bereits in der Vesper. Jetzt, da ich Ihnen schreibe, hält meine Mutter ihre stille Betrachtung, und sie nimmt an, daß ich das auch tue. Zur Vorsicht habe ich immer das aufgeschlagene Buch vor mir liegen mit dem Andachtstext, damit ich gerüstet bin, wenn sie nach ihrer Gewohnheit kommt, um sich meines Eifers zu vergewissern.

Heute morgen haben wir uns wie an jedem Morgen, den Gott werden läßt, gleich nach dem Aufstehen eine Stunde lang ins Gebet vertieft; heute abend vor dem Zubettgehen wieder ein Weihegebet von gleicher Dauer, und vor dem Ganzen immer eine Lesung. Ich selbst mache bei all diesen Gebeten nur das entsprechende Gesicht. Wenn der Zufall uns einmal stört und ich mir selbst überlassen bleibe, spreche ich mein Gebet morgens und abends so eifrig es nur geht. Ein freiwillig gesprochenes Vaterunser bringt mir mehr Gewinn als zehn Jahre Frömmigkeit mit meiner Mutter. Soll ich ganz offen zu Ihnen sein? Ich kann nicht an die Stunden unserer Übungen denken, weder zur Vesper noch zum Abendgebet läuten hören oder ein frommes Buch sehen, ohne einen Überdruß zu fühlen, der mich erschreckt.

Vorgestern war ich allein im Zimmer meiner Mutter, als ein Geistlicher eintrat. Da ich nicht auf ihn vorbereitet war, wurde es mir fast übel bei seinem Anblick, nur wegen seines Gewandes, das im Zusammenhang mit unseren frommen Verrichtungen steht.

Wissen Sie auch, Monsieur, daß ich die Auswirkungen meines Widerwillens fürchte? Wissen Sie auch, daß mir eine Predigt Fieber verursacht, und ich dabei doch so gern predigen hören würde, wenn ich davon nicht so übersättigt wäre? Und das ist noch nicht alles. Wenn Sie sehen würden, wie meine Mutter mich anzieht, Sie hielten mich für eine Nonne, bis auf den Schleier; aber was heißt hier bis auf den Schleier, das ist ein Irrtum: meine Haube ist einer, so wie ich sie aufsetzen muß. Mein Schnürleib geht mir bis zum Kinn, wie der Brustschleier einer Nonne, und Sie können sich vorstellen, daß ein Herz von sechzehn Jahren sich unter diesem Aufzug nicht sehr wohlfühlt. Ganz im Vertrauen: ich habe eine schreckliche Angst, ich könnte eines Tages kokett werden; mich erregt das kleinste Band, das ich sehe; mein Herz schlägt, wenn mich ein hübscher Bursche nur ansieht; das ist alles so neu für mich; ich stelle mir ein so großes Vergnügen darunter vor, sich schmücken zu dürfen, zu gefallen, geliebt zu werden, daß ich meine Mutter hassen würde, wenn ich nicht ein gutes Herz hätte, weil ich mich auf diese Weise mit Dingen beschäftige, die vielleicht nur Nichtigkeiten sind und an die ich gar nicht dächte, wenn ich sie hätte. Überreden Sie sie bitte, ihr Verhalten mir gegenüber zu ändern. Heute morgen zum Beispiel stand ich an meinem Fenster; ein junger Mann schien Gefallen daran zu finden, mich anzusehen; das hat nicht länger als eine Minute gedauert, aber in dieser einen Minute habe ich mehr Koketterie gezeigt als ein Mädchen der Gesellschaft in sechs Monaten. Versuchen Sie doch bitte, die Folgen davon meiner Mutter klarzumachen. Es schlägt halb sieben, sie ruft mich bereits aus ihrem Zimmer; ich gehe zu unserer Lesung; ich werde leere Worte sagen; ich werde in dieses triste Zimmer treten, das ich eines Tages, so Gott will, niederreißen lasse; denn sein Anblick allein verursacht mir eine Herzenskälte (um mit meiner Mutter zu reden), die mich mein ganzes Leben lang hindern würde zu Gott zu beten, wenn ich in diesem Hause bliebe. Ach, wie leid ich dessen bin!

*

Monsieur le Spectateur,
ich bitte Sie nicht, diesen Brief in Ihrem Blatt zu veröffentlichen; ich kann keine Briefe schreiben, die es verdienten, gedruckt zu werden. Ich bitte Sie lediglich um die Freundlichkeit, in einer Ihrer Abhandlungen über meine Lage zu sprechen. Wenn Sie gern den Unglücklichen helfen, gibt es niemanden, der dieser Hilfe und Ihres Mitgefühls würdiger wäre als ich.

Ich bin krank, von den Jahren gebeugt und aufs Land verbannt, wo man mich einigen Dienern ausgeliefert hat, die weder mit meinem Alter noch mit meinen Leiden Erbarmen haben, die mich ständig vergäßen, wenn ich ihnen nicht lästig fiele, und deren Roheit ich herausfordern muß, um ein wenig Aufmerksamkeit für meine Bedürfnisse zu wecken; kurz, bei denen man mir keine andere Unterstützung gelassen hat als das Mitleid, das ich ihnen einflößen sollte, und das ich ihnen so wenig einflöße, daß sie das grausame Vergessen mißbrauchen, in dem ihr Herr mich beläßt. Ach, was mich am meisten bekümmert, die ganze Bitternis meines Grames ist die traurige Tatsache, daß dieser Herr, von dem ich spreche, soll ich es Ihnen sagen, Monsieur? daß es mein eigener Sohn ist. Ich bin sicher, meine Lage rührt Sie; aber wenn Ihr Herz auch noch so gut ist, Sie können mein ganzes Elend nicht erfassen. Man muß an meiner Stelle sein, muß Vater sein, um sein ganzes Ausmaß zu begreifen.

Es ist zweifellos ein seltsames Unglück, in meinem Alter von allen verstoßen zu werden oder auf das Mitgefühl

Fremder angewiesen zu sein, Menschen, die weder Freunde noch Verwandte sind, niemanden zu haben, der sich wirklich für einen interessiert, der einem beisteht und hilft, den Rest eines Siechtums zu ertragen, in dem man nichts mehr für sich tun kann und sich selbst zur Last ist. In solch außergewöhnlichen Umständen ist ein Mensch besonders zu beklagen; er leidet sehr, und schließlich stirbt er. Doch seien Sie versichert, Monsieur, das Unglück dieses Menschen ist nichts gegen das meine, wenn er keine Kinder hat, wenn Gott ihn nicht zum Vater eines Sohnes gemacht hat, der ihn verstößt. Nein, es ist nicht schlimm, von den andern Menschen verlassen zu sein, sich nur über ihr geringes Mitgefühl beklagen zu müssen; es ist nicht verwunderlich, daß sie hart sind und unbarmherzig; man bedeutet ihnen nichts, es sind gleichgültige, unbekannte Menschen, von denen man erwartet, daß sie großherzig sind; aber sie wollen es nicht sein, vielleicht sind sie es andern gegenüber, und wenn man nicht litte, würde man auch nichts von ihnen erwarten.

Doch können Sie sich wirklich vorstellen, Monsieur, was das ist, ein Sohn? Wissen Sie auch, wie man ihn ansieht, was man von ihm erhofft, was er für den Vater bedeutet? Ist er für ihn etwa ein Mensch wie alle andern? Ach, hier fehlen mir die Ausdrücke, hier wird mein Herz ergriffen, ich fühle etwas, das kein Schmerz ist, keine Verzweiflung, sondern etwas viel Grausameres. Ja, man lebt noch, es bleibt einem noch Mut und Kraft, wenn man Schmerz und Verzweiflung fühlt; aber ich, Monsieur, ich lebe nicht mehr, ich bin mit dem Leben nur noch durch ein Gefühl von Trauer verbunden, das mich ganz erfüllt, das meine Seele verwirrt und lähmt, das mir weder Furcht noch Hoffnung läßt, das mich zerstört. Die Menschen weisen mich heute ab und verlassen mich, aber das sind nur die Menschen; doch mein Sohn weist mich ab und verläßt mich wie sie, und das bedeutet, von der ganzen Natur abgewiesen und verlassen zu werden. Er war meine einzige Stütze, meine Hilfe, und eine Hilfe, von der ich glaubte, niemand könne sie mir nehmen, die mir gehörte, die weder von der Gunst der Menschen noch von ihrer Menschlichkeit abhing. Ob mein Sohn edel war oder nicht, die Natur, sogar die Vorurteile, die Erziehung, die man seinen Kindern mitgibt, die Zärtlichkeit, die man für sie empfindet, ihre Gewohnheit, den Vater zu achten, alles garantierte mir die Liebe meines Sohnes, alles versicherte mir, daß diese Liebe mein Hab und Gut war, alles in seinem Herzen mußte mich von den andern Menschen unterscheiden; wäre er in ihren Augen ehrlos gewesen, so band ihn doch alles an mich, wie mich alles an ihn band. Wäre er der hassenswerteste Mensch der Welt gewesen: hätte ich ihn hassen können? hätte ich mich dann weniger als sein Vater gefühlt? Müssen unsere Kinder unsere Gefühle verdienen, müssen sie gut und liebenswert sein? Ach, ihre Fehler bekümmern nur unsere Liebe, aber stoßen sie nicht ab.

Ja, mein Sohn, aus dem Dunkel meines Zustands, in den du mich versetzt hast, aus dieser Mattigkeit, in der ich dahinsieche, erhebt sich meine Liebe. Du hast sie mir nicht nehmen können, *sie* beklagt sich über dich; nur weil ich dich immer noch liebe, ist es hart für mich, noch am Leben zu sein. Ich leide nur, weil du es bist, der mich mißhandelt; dein Herz kennt mich nicht mehr, doch meine Zärtlichkeit ist nicht vergangen, ich habe nicht aufhören können, dein Vater zu sein: wie hast du aufhören können, mein Sohn zu sein? Es gibt also nichts mehr in der Natur, das an mir hängt, alles hat sich von mir gelöst, ich sehe nur noch eine Einöde in ihr. Ich bin allein, vom ganzen Universum verleugnet, von meinem Sohn, nach dem ich mich sehne, den ich zu Hilfe rufe, und der mich gleich allen anderen verleugnet.

Aber was habe ich gegen diesen Sohn denn getan, Monsieur? Er blieb mir als einziges von sechs Kindern. Ich war nicht reich, doch liebte ich ihn zärtlich; und in seiner Erziehung ersetzte meine erfinderische Liebe das Geld. Er erwiderte meine Fürsorge; ich schickte ihn nach Paris, um die Rechte zu studieren, ich sparte fast am Nötigsten, um ihm beizustehen; er machte tatsächlich solche Fortschritte dort, daß er die Achtung derer gewann, die ihn kannten; und da er von angenehmem Äußeren war und fleißig, hatte eine reiche Dame, deren Geschäft er führte, eine so gute Meinung von ihm, daß sie ihm ihre Tochter anbot, vorausgesetzt, er würde in die Ehe wenigstens ein kleines Vermögen mitbringen. Dieses kleine Vermögen lag in meinen Händen: es bestand aus zwei Landstücken, von denen das eine mein Erbe, das andere von meinen Ersparnissen gekauft war und deren Einkünfte dazu gedient hatten, ihn weiterzubringen und meinen Lebensunterhalt zu bestreiten.

Er setzte mich von dem Vorschlag der Dame in Kenntnis, stellte mir alle Vorteile der ihm angebotenen Partie dar und erklärte mir, daß sein Schicksal in meinen Händen liege. Ach, es konnte nicht sicherer liegen: ich fuhr nach Paris und war sofort damit einverstanden, ihm die Hälfte dessen zu geben, was ich besaß, und die andere Hälfte ihm zuzusichern.

Die Hochzeit fand wenig später statt: er gab die Juristerei auf zu Gunsten eines Postens, der ihm besser erschien; seine Frau starb bei der Geburt eines Kindes; ich verlor sehr viel, denn sie liebte mich, und ihr Andenken wird mir immer teuer sein.

Einige Monate nach ihrem Tod benötigte mein Sohn für bestimmte Pläne noch eine ansehnliche Geldsumme; er lieh sich Geld, doch fehlte ihm immer noch etwas. Ich war damals sehr glücklich über ihn; ich bin von Natur aus gerade und offen; ich glaubte, er sei auf meinen Frieden mehr bedacht als ich, und als ich den Rest meines Besitzes verkaufte, um die Summe vollzumachen, sah ich nur ein Gut, das seine Natur wechselte, jedoch nicht seinen Herrn.

Ich verkaufte also meinen Besitz, seinem Wunsch entsprechend, und zwar ohne die geringste Vorsichtsmaßnahme; die Sache wickelte sich nur zwischen uns beiden ab; das Geld wurde seinem Plan entsprechend verwendet: er war erfolgreicher, als er je gehofft hatte. Jetzt war er mächtig; daraufhin wollte er genießen, ohne weiter zu arbeiten; sein Haus veränderte das Gesicht, er trieb einen großen Aufwand, bedeutendere Freunde folgten den früheren, von denen er sich allmählich trennte, da ihr Umgang ihm jetzt zu bürgerlich erschien, und schließlich schämte er sich auch meiner.

Ich bemerkte es, doch zunächst glaubte ich, mich zu täuschen. Zu dieser Zeit wurde ich krank, und ich sah, daß er mich während meiner Krankheit vernachlässigte; seine Diener nahmen sich ein Beispiel und taten das gleiche: es machte mich sehr traurig; ich ließ ihn bitten, in mein Zimmer zu kommen, das er seit vier Tagen nicht betreten hatte; er kam; ich beklagte mich bei ihm darüber, daß man sich kaum um mich kümmerte. ›Weil Sie ziemlich anspruchsvoll sind, lieber Vater‹, antwortete er. ›Das höre ich zum ersten Mal von dir‹, entgegnete ich, ›und deine Antwort erstaunt mich.‹ ›Sie brauchen mich nicht zu rufen, wenn Sie nur mit mir schimpfen wollen, so wie Sie es mit allen anderen auch tun‹, sagte er daraufhin; ›wir kümmern uns um Sie so gut es geht, und trotzdem beklagen Sie sich ständig. Was sollen wir tun? Versuchen Sie, wieder zu Kräften zu kommen; wenn es Ihnen besser geht, rate ich Ihnen, aufs Land zu ziehen; dort haben Sie mehr Ruhe als hier, dort können Sie leben, wie es Ihnen gefällt; ich habe einen Lebensstil, der Ihnen nicht zusagt, und so werden wir uns nicht gegenseitig stören.‹

Nach diesen Worten ging er, während ein Diener, der sie gehört hatte, den Kopf wegdrehte, um ungeniert über mich lachen zu können.

Das Verhalten meines Sohnes hatte mich verletzt; das Benehmen dieses Dieners durchbohrte mir das Herz: ich sah alles voraus, was ich erleben würde; ich begriff, daß ich im Hause meines Sohnes nur noch ein Fremder war und wir nichts mehr miteinander gemein hatten. Ich blieb noch ein paar Tage im Bett und stand dann auf; meine Kräfte kehrten langsam zurück; ich zog mich so gut es ging an. Es war vor dem Mittagessen, ich hörte es läuten und rief nach jemandem, der mir beim Hinuntergehen helfen sollte: man antwortete mir, aber niemand kam; ich versuchte daher, auf meinen Stock gestützt nach unten zu kommen, und hatte schon die Hälfte der Treppe hinter mir, als mein Sohn in der Tür seines Zimmers erschien.

›Was machen Sie hier?‹ fragte er mich barsch. ›Was fällt Ihnen ein? Ich habe Gäste. Können Sie in diesem Aufzug erscheinen? Fürchten Sie etwa, man bringe Ihnen nichts zu essen? Führen Sie meinen Vater wieder in sein Zimmer‹, fügte er an einen Diener gewandt hinzu und verschwand; ich blieb erstarrt stehen, und meine Augen füllten sich mit Tränen.

Der Kammerdiener tat, als wolle er mir beim Hinaufgehen helfen, indem er mir sagte, ich sei für mein Alter noch ganz munter; ich antwortete nichts auf den Spott dieses Mannes, der mit dieser Beleidigung nur seinen Dienst versah; der Kummer machte mich stumm; ich ging in mein Zimmer zurück wie ein Mensch, der nicht mehr weiß, wo er ist; mir wurde übel, ich bat um ein Glas Wein; es wurde erst eine Viertelstunde später gebracht, zusammen mit einer kalten Suppe, von der ich nichts aß, so wenig wie von dem übrigen Essen, das viel zu spät kam.

Ich verbrachte den Tag in der schlimmsten Gedankenverwirrung; meine Seufzer vermischten sich mit meinen Tränen: Wo soll ich hin? fragte ich mich, ich habe nichts mehr, was mir gehört! Ich habe mich von allem entblößt!

Trotzdem beschloß ich beim Schlafengehen, am nächsten Tag meinen Sohn zu verlassen; ich konnte hier nicht mehr atmen, ich erstickte; ich wollte einen unserer

Freunde aufsuchen, ihm meine Lage anvertrauen und ihn um Hilfe bitten, um einen Rat in meinem Unglück. Mit dieser Absicht stand ich am nächsten Morgen früher als gewöhnlich auf und kleidete mich an.

Offensichtlich hatte man meinem Sohn Bescheid gesagt, denn er kam in dem Augenblick in mein Zimmer, als ich weggehen wollte. ›Wohin wollen Sie, Vater?‹ fragte er. ›Einen barmherzigen Freund suchen, der gern für mich sorgt‹, antwortete ich ihm. ›Du weißt, daß ich nichts mehr habe, meine Liebe zu Dir hat mir alles genommen.‹ ›Was für Überlegungen!‹ entgegnete er, ›was für merkwürdige Einfälle man in Ihrem Alter hat! Sie scheinen sich über meine Worte gestern vormittag sehr geärgert zu haben.‹ ›Mein Sohn‹, sagte ich, ›ich bin sehr bestürzt, laß mich gehen, ohne mir etwas zu sagen, denn das kannst du nicht mehr; deine Worte sind Dolchstöße für mich, deren Wucht du nicht ahnst, sie bringen mich um.‹ ›Beenden wir diese Auseinandersetzung‹, sagte er daraufhin heftig. ›Sie sind im Irrtum, Vater, es gibt tausend Dinge, die Sie sich selbst hätten sagen können; Sie sind in einem fortgeschrittenen Alter; Sie haben fast immer in einer kleinen Provinzstadt gelebt, und Ihre Vorstellungen, Ihr Verhalten, Ihre Gewohnheiten sind so verschieden von dem, was in der Gesellschaft vorgeht, daß Sie sich als erster von meinen Gästen hätten zurückziehen müssen; Sie empfinden das nicht, doch ich, ich empfinde es. Wie angenehm für Ihren Sohn, wenn er Sie mit Leuten von Rang reden sieht, die höflich und empfindlich sind und die Sie mit Ihrer Einfalt zum Lachen reizen; und so verhält es sich; glauben Sie etwa, das sei vorteilhaft für mich? Ich bin ein Emporkömmling, nicht wahr? Nun, wozu sollen das Leute erfahren, die es nicht wissen? Aber wenn man Sie gesehen hat, weiß man es sofort, und trotzdem bestehen Sie darauf, sich ständig zu zeigen. Streiten wir also nicht länger, Vater, es ist nicht nötig, daß Sie den Leuten die Ohren volljammern, ich werde Anweisungen geben, daß man Sie sofort in mein Landhaus bringt, dort können Sie machen, was Sie wollen, und sind in Ihrer eigenen Umgebung; ab und zu besuche ich Sie, und es wird Ihnen an nichts fehlen. Adieu, ich muß mich um meine Geschäfte kümmern.‹

In dieser Form, Monsieur, trennte sich mein Sohn von mir: er verließ mich ohne eine Umarmung, ohne ein einziges zärtliches Wort außer dem Wort Vater, das nur sein Mund aussprach, sein Herz aber nicht fühlte; er entfernte sich und war weder von meiner Niedergeschlagenheit betroffen noch von meinem traurigen Schweigen oder den Tränen, die er aus meinen Augen fließen sah. Dann wurden meine Sachen weggebracht, ich mußte hinuntergehen und wurde fast bewußtlos in eine Kutsche gesetzt, die mich hierher aufs Land fuhr, wo ich seit fast zwei Jahren dahinsieche und noch nicht ein Mal meinen Sohn gesehen habe, obwohl er es mir versprochen hatte, kurz, wo ich jeglichen Trost entbehre und oft sogar die zum Leben notwendigsten Dinge.

Über doppelte Moral – private und öffentliche

Was uns heute ständig durch die Medien bewußt gemacht wird, die Diskrepanz zwischen den im täglichen Umgang der Menschen geforderten Verhaltensweisen und den im öffentlichen Leben praktizierten, hat Marivaux bereits in der *Betrachtenden Prosa* mit der ihm eigenen Illusionslosigkeit dargestellt. In einem Gespräch zwischen Vater und Sohn klärt der Ältere den Jüngeren über die verschiedenen Maßstäbe moralischer Beurteilung auf, über die Faszination der Macht, aber auch über den Preis, der dafür zu zahlen ist.

Eines Tages, als wir wie gewöhnlich unseren Spaziergang machten, begegneten wir einem sehr alten Edelmann, der in der Nähe seines Schlosses ebenfalls spazierenging. Er sah traurig aus, niedergeschlagen, und war tief in Gedanken versunken. ›Was macht dieser Edelmann hier?‹ fragte ich meinen Vater. ›Ich glaube, ich habe ihn noch nie hier auf dem Land gesehen.‹ ›Man hat ihm befohlen, sich vom Hof zurückzuziehen‹, antwortete mir mein Vater. ›Und warum?‹ ›Warum? Nun, weil er nicht geschickt genug war, sich die Gunst des Fürsten zu erhalten, weil seine Intrigen nicht geschickter als die seiner Feinde waren, weil er den Leuten, die ihm Schaden zufügten, selbst keinen zufügte, denn das sind gewöhnlich die Verbrechen derer, die in Ungnade fallen.‹ ›Aber Vater, Sie verblüffen mich‹, sagte ich, ›die Mittel, sich die Gunst des Hofes zu erhalten, erscheinen mir recht merkwürdig; ein Fürstenhof wäre demnach eine Räuberhöhle; wieso können anständige Menschen an dieser Gunst Geschmack finden?‹ ›Das kann ich dir nicht sagen‹, entgegnete mir mein Vater. ›Alles, was ich weiß, ist, daß die Ehrgeizigen durchaus Geschmack an ihr finden.‹ ›Dann meint man also etwas recht Schlechtes, wenn man von einem Menschen behauptet, er sei ehrgeizig‹, sagte ich. ›Aber könnte man der Notwendigkeit, anderen zu schaden, nicht entgehen? Man brauchte sich nur keine Feinde zu machen.‹ ›Das würde nichts nützen‹, erklärte mein Vater, ›denn in diesem Land machen sich die Feinde selbst. Hast du Ansehen? eine hohe Stellung? dann bist du schon unweigerlich mit zahllosen Leuten zerstritten, denen du doch gute Dienste leistest.‹ ›Ja, aber!‹ rief ich aus, ›wieso kann man einem Menschen Schlechtes wünschen, der einem gefällig ist?‹ ›Man wünscht ihm dafür Schlechtes, daß er die Möglichkeit hat, gefällig zu sein; daß man es nötig hat, seine Freundschaft zu suchen, obwohl man möchte, er suche die unsere.‹ ›Und wie muß man sich so schlechten Menschen gegenüber verhalten?‹ fragte ich ihn. ›Ach, lieber Sohn, leider muß man selbst auch schlecht sein; dabei ist es sehr schwer, es mit Erfolg zu sein, denn man muß es geschickt sein, muß schlau seinen Feinden schaden, ohne daß sie merken, wie man es anstellt; oft ist es sogar nötig, daß diejenigen, die du benutzt, um deinen Feinden zu schaden, von deiner Absicht nichts merken dürfen. Du mußt wissen, daß diese Schlechtigkeit am Hof als der Höhepunkt des menschlichen Geistes gilt. Von demjenigen, der darin Erfolg hat, heißt es: ein sehr geschickter Mann, ein kluger Kopf; er hat seine Feinde aus dem Weg geräumt, er hat es verstanden, alles, was ihn in den Schatten stellte, zu beseitigen; es gehört viel Geist dazu, um die Sache so wie er zu meistern.‹ ›Aber Vater‹, antwortete ich ihm, ›unter Menschen wie uns würde man doch jemanden, der diesem geschickten Mann gleicht, als Schurken betrachten, als falsch, als Menschen ohne Gewissen und Ehre, als wertlos.‹ ›Nun‹, sagte mein Vater lachend, ›du stellst da einen lustigen Vergleich an. Was heißt das denn, unter Menschen wie uns? was sollen Menschen von mittlerem Stand mit dem Privileg anfangen, ruhmreiche Schurken oder falsch zu sein? Sind es unsere

Interessen etwa wert, daß man die Gemeinheiten, dank derer wir unsere eigenen Angelegenheiten fördern und diejenigen unserer Mitmenschen zerstören, mit der Bezeichnung Geschicklichkeit beehrt? Ach, lieber Sohn, das ist nicht die Einstellung der Gesellschaft; du siehst die Dinge, wie sie sind, deine Augen sind zu gesund. Aber wenn ein wenig menschliche Narrheit sich unglücklicherweise deines Gehirns bemächtigte, wenn sie dir die Vernunft rauben, deine Prinzipien über Tugend lockern würde, dann dächtest du ganz anders! Du mußt wissen, mein Sohn, daß alles, was man mit üblem Charakter bezeichnet, mit Gerissenheit, schlechter Seele, Verdorbenheit aller Art, für Leute wie uns immer seinen natürlichen Namen behält und sich nicht verändert; für uns ist ein Schurke ein Schurke, ein schlechter Mensch ein schlechter Mensch, und uns gegenüber nimmt man die Dinge wörtlich; unsere Ämter sind so klein, unser Einfluß so gering, daß wir damit niemanden beeindrucken. Wie könnte man sich über uns täuschen! wir sind mit nichts bekleidet, was für die andern achtunggebietend wäre, mit nichts, was sie blendet, was ihre Vorstellungen zu unseren Gunsten zügelt; nichts bedeckt uns sozusagen; wir sind völlig nackt, oder wir tragen Lumpen, die unverzeihlich sind und derentwegen man uns erbarmungslos beurteilt und so wie wir es verdienen. Darum können wir so geschickt falsch sein, so einfallsreich schlecht wie wir wollen, unsere ganze Geschicklichkeit, unser ganzer Einfallsreichtum wendet sich zum Schlechten für uns und fügt nur unserer Unwürdigkeit neue häßliche Züge hinzu (so wie es recht und billig ist). Kurz, bei uns ist das alles eine Erbärmlichkeit des Geistes und der Seele, die mehr oder minder abscheulich ist, je nachdem, ob sie mehr oder minder listig ist.

Doch wenn man Ansehen genießt, mit Würden und hohen Ämtern bekleidet ist, dann, mein Kind, bekommen die Dinge ein anderes Aussehen! Das bedeckt die Erbärmlichkeit, von der ich sprach, mit einer Schminke, die die Mißbildungen korrigiert, ja, sie sogar verschönt; dann kannst du schlecht sein, und du wirst in der Gesellschaft glänzen; schade deinen Rivalen, finde ein Mittel sie zu erniedrigen, und es ist nur der ruhmvolle Triumph deines Erfolgs über ihren; sei betrügerisch und falsch, und es ist nur Politik, bewundernswerte Taktik; du stehst oben, und darum betrachten dich die Menschen, die eitel sind und gern da stehen möchten, wo du stehst, mit ebensoviel Achtung wie sie zu verdienen glauben, wären sie an deinem Platz. Wenn sie Achtung vor deinen Ämtern haben, streicheln sie das Ziel ihrer eigenen Wünsche; in Ermangelung von etwas Besserem gefällt sich ihre Eitelkeit darin, deine Bedeutung zu schätzen, die Wichtigkeit der von dir behandelten Angelegenheiten, deine Verbindungen, deinen umfassenden Geist und die Schönheit der List, die bei allen deinen Handlungen nötig ist, gleich welcher Art sie sind; und sind sie nichtswürdig, was macht das, manchmal gewinnen sie sogar dabei, sie erscheinen wirkungsvoller, man ist der Meinung, sie entstünden aus einer ernsthaften politischen Notwendigkeit, und das gibt ihnen ein würdiges Ansehen; ihr Erfolg, die Beachtung, die sie hervorrufen, der Ruin, in den sie diesen und jenen stürzen, verwandelt sie in berühmte Taten, bemerkenswerte Abenteuer, und man ist entzückt, wenn man sie kennt und weitererzählen kann. Was ich dir da sage, ist noch nicht alles, denn Handlungen dieser Art entziehen sich nicht nur der verdienten Verachtung, man scheint sie sogar von einem Höhergestellten zu erwarten, und bleibt er untätig, so wird er nicht sehr geschätzt, er ist ein Mann von geringem Wert, der kein Aufsehen erregt und dessen Laufbahn ins Stocken gerät.

Das ist der Grund, mein Kind, weshalb in hohen Stellungen die gerissenste Verdorbenheit soviel Ehre einbringt, während es für Leute wie uns so beschämend ist, wenn sie in ihrer Lebensführung nicht ohne Tadel sind.

Aber was will das schließlich besagen! Ist unser Los nicht unvergleichlich viel besser als das dieser Leute? Wenn ihre Größe uns auch ihre Handlungen verschleiert, wenn man sie auch erfolgreich nennt, wo sie schlecht sind: ist es ein Gewinn für sie, so müssen sie ihn teuer bezahlen. Du kannst dir nicht vorstellen, wie ihr Leben aussieht; wenn ich daran denke, so verstehe ich sie nicht, sowenig wie ihre Leidenschaft für Rang, Ansehen, Ämter, denn diese Leidenschaft setzt hochmütige, ruhmgierige, vor Eitelkeit berstende Herzen voraus. Doch haben die stolzen und eitlen Herren die Kraft, sich unter vielerlei Schimpf und Schande zu beugen, die sie oft ertragen müssen; das Recht, stolz zu sein, die andern zu übertreffen, erlangen, behalten und festigen sie nur mit Hilfe einer Unzahl von Demütigungen, deren Bitterkeit sie gern schlucken. Welch eine elende Art von Dünkel! Fast immer riecht er nach der Feigheit, die ihn ermöglicht, und den vernünftigen Leuten, die ihm begegnen, dient er nur zur Erheiterung.‹

Ich hörte meinem Vater aufmerksam zu, während er so sprach, und ich erinnere mich, daß ich wahrhaftig Mitleid mit denen hatte, deren Schicksal er mir beschrieb; von Zeit zu Zeit warf ich einen Blick auf den Edelmann, den ich vorhin erwähnte und der noch immer in melancholische Gedanken versunken ganz in unserer Nähe spazierenging.

›Mir scheint, du interessierst dich für den Kummer dieses Mannes‹, sagte mein Vater zu mir.‹ ›Das ist wahr‹, antwortete ich ihm. ›Ich glaube, er leidet.‹ ›Ich kenne ihn, er hat das Herz eines redlichen Menschen, er ist von Natur aus gefällig, und man hat immer Gutes von ihm gesagt. Ich bin überzeugt, daß er nur aus Mangel an dieser entschlossenen Schlechtigkeit in Ungnade gefallen ist, dank derer man sich seiner Feinde erwehrt und sie zugrunde richtet.‹ ›Wenn es sich so verhält‹, entgegnete ich, ›wird er sich über seinen Sturz bald trösten. Ein redlicher Mensch kann nicht für lange einem Zustand nachtrauern, der mit seiner natürlichen Güte unvereinbar ist.‹ ›Leider bin ich gewiß, mein liebes Kind, daß dieser Edelmann sich nach seinem früheren Stand nur allzu sehr zurücksehnt‹, erklärte mir mein Vater. ›Sein Herz hat dabei keinen Schiffbruch erlitten, es ist großmütig geblieben, aber die Gewöhnung an die Ehren hat ihm vielleicht den Geist verwirrt; er sehnt sich nach dem Trubel zurück, in dem er lebte, nach der Anstrengung, die so viele machten, um mit ihm zu sprechen, er vermißt die Schmeichler, über die er sich lustig machte, doch die es als ein Glück betrachteten, seine Gunst zu gewinnen; er sieht nicht mehr das verschüchterte und kriecherische Verhalten, das seiner Eitelkeit wohltat, er bestimmt niemandes Schicksal mehr; seine Freunde haben nicht mehr so viel Interesse daran, ihn zu schonen: er lechzt nach dem Platz, den er im Bewußtsein der anderen einnahm, nach dem furchtsamen Respekt, den er so gern einflößte, obwohl er sich darin gefiel, ihn durch ein entgegenkommendes Verhalten wieder zu mildern, kurz, nach tausend ähnlichen Trugbildern, ohne die er nicht leben kann und die zur unerläßlichen Nahrung eines vom Ehrgeiz vergifteten Geistes geworden sind.‹

Über falsche Wertschätzung

Anläßlich des festlichen Einzugs der spanischen Infantin in Paris hat sich der Herausgeber des *Spectateur français* unter die Menge gemischt und beobachtet deren Treiben. Doch das führt ihn rasch zu allgemeineren Gedanken, so wie er es wenige Seiten zuvor erklärt hatte: »Ich bin so veranlagt, daß mir alles zum Stoff für nachdenkliche Betrachtungen wird; ich habe von Natur aus eine Art von philosophischem Temperament, das der geringste Gegenstand in Bewegung versetzt.«

Ich amüsierte mich einige Zeit über die Volksmenge, die sich die Hälse ausrenkte, um die vielen Triumphbögen zu betrachten; und in der Art ihres Sehens glaubte ich zu erkennen, daß die Bewunderung des Volkes für etwas Schönes nicht eigentlich daher kommt, weil es schön ist, sondern weil die mehr oder weniger bedeutenden Umstände, weshalb es dort zu sehen ist, auf seine Phantasie einwirken.

Ich hörte von allen Seiten rufen: Oh, ist das schön! Und da ich mir den Anlaß dieses Ausrufs im Geist des Volkes erklärte, gab ich ihm eine Form, und die Folgerung lautete so: He, siehst du die vielen Leute? das ist wegen der Infantin. Alles, was wir hier sehen, ist für sie gemacht; wir wollen es uns genau ansehen, denn es muß bestimmt schön sein. Oh, ist das schön!

Gewiß waren die Triumphbögen sehenswert und ein würdiger Schmuck; doch als ich den Geist dieser Menge mir erläutert hatte, sah ich bescheidene Wirtshausschilder, denen vielleicht nur die Gelegenheit fehlte, bei einem wichtigen Anlaß zur Schau gestellt zu werden, um als Meisterwerke zu gelten.

Ihr Bilder Raffaels, sagte ich weiter zu mir, hingt ihr an

Stelle dieser Schilder, ich fürchte sehr, die Kunstliebhaber nähmen euch für das, was ihr zu sein schienet. Ich will tot umfallen, wenn sie euch an dieser Stelle erkennten! Ach, wie viele schlechte Bilder gibt es, die der Zufall, eine launische Wertschätzung, die sich verbreitet hat, zu euern Brüdern machte? Und wie vielen eurer wirklichen Brüder hat man die Schmach angetan, sie nicht anzuerkennen, weil sie zu spät erschienen sind oder unter widrigen Umständen?

Abgesehen davon, daß wir lebendig sind und denken, sind wir alle Bilder füreinander; zumindest gleicht unser Geschick dem ihren.

Da ist ein Raffael, ein Bild von höchstem Wert, ich meine ein Mensch voller Geist und Talenten. Hat der Zufall oder seine Geburt ihm einen schlechten Platz bestimmt, ist alles entschieden; er kann uns täglich treffen, täglich mit uns reden, unsere Urteilskraft versagt; nichts verkündet uns seinen Wert, seine bescheidene Lage hüllt ihn sozusagen in eine Wolke, die ihn uns verbirgt. Er ist ein unnützes Wesen, das wir nicht von der Menge unterscheiden, die wir verachten; er hat weder Vermögen, noch Rang, noch Ansehen; das ist der Schatten, welchen wir statt des Menschen wahrnehmen, das ist die Maske, die uns sein Gesicht verbirgt; kurz, da ist das Bild, so schön es ist, für immer zum Wirtshausschild geworden. Und dort ist das Gegenteil, das Bild eines Pfuschers, und ich sehe es von Kunstliebhabern umringt, die Vorzüge an ihm entdecken, die es gar nicht hat. Ist der Mensch schwerfällig? spricht er wenig? Sie erklären mir, er sei zwar nüchtern, aber hätte viel Verstand und Urteilsvermögen. Spricht er viel und schlecht? Wie angenehm und lebendig er ist! Sind diese Kunstliebhaber also Dummköpfe? Nein, es sind intelligente Leute, besten Willens, die glauben was sie sagen; vielleicht hatten sie einige Mühe, sich selbst zu überzeugen, doch der Mensch, um den es geht, verfügt über einen Reichtum oder ein Ansehen, die ihn unentbehrlich machen und ihre Zweifel beheben. Sie würden gern sagen: Ich habe diesen Menschen zunächst gar nicht für das gehalten, was er ist; und ihr würdet ausrufen: Da habt ihr die Schmeichler! – Aber durchaus nicht; ich habe es euch bereits gesagt, nicht einmal diese Ehre gebührt ihnen. Auch ist keine Schlechtigkeit dabei, sie sind einfach die Getäuschten, wahre Unschuldslämmer, deren Geist nur sozusagen im Solde des Vorteils steht. Und dieser elende Vorteil hat ihrem Scharfsinn den geschickten Streich gespielt und sie glauben lassen, eine prächtige Kutsche, eine große Zahl Diener, eine gute Tafel seien Geist, Verstand, Lebhaftigkeit und Witz.

Über die Kunst des Diskutierens

Dem folgenden Text hatte Marivaux die Worte vorausgehen lassen: »Es ist ein großer Vorteil, viel Geist zu haben, doch sollte man ihn jenen, die über ihn verfügen, nicht allzu sehr neiden; sie genießen ihn nicht ungestraft und zahlen ihren Preis dafür.« Wie so viele Texte Marivaux' hat auch dieser nichts an Aktualität eingebüßt. Wer je an Konferenzen, Podiumsdiskussionen oder ähnlichen Veranstaltungen »geistreicher Leute« teilgenommen hat, dem wird manches hier bekannt vorkommen.

Ich besuchte neulich eine dieser Stätten, an der sich die geistreichen Leute versammeln, die meisten von ihnen Liebhaber der Literatur oder Gelehrte; ich kannte sie fast alle; im privaten Umgang sind sie die Liebenswürdigkeit in Person, ebenso vernünftig wie geistvoll; doch sind sie alle beieinander, erkennt man sie nicht wieder; sofort ist jeder von der Sucht gepackt, mehr Geist zu haben als der andere.

Eine Frage wird aufgeworfen; der eine entscheidet sie dreist und unwiderruflich; der andere verdammt eindeutig, was der erste gesagt hat; ein dritter erhebt sich und verdammt sie alle beide; während sie miteinander streiten, erklärt ihnen unumwunden der vierte in einem Ton, der sich Platz verschafft und einem Donnerschlag gleicht, daß alles, was sie da sagen, nichts taugt; ein fünfter mischt sich ein und will sie besänftigen, indem er sie freundlich zu überzeugen versucht, daß er über die Sache richtiger denke als sie alle; der sechste bietet sich aus vollem Halse schreiend als Schiedsrichter an, wird aber nicht mehr gehört; doch auf Grund seines Geschreies glaubt er an seinen Eifer und den gescheiten Vergleich, den er anbietet; ein anderer läßt kein Wort verlauten, um sich zu unterscheiden, er schüttelt nur den Kopf als ein Mensch, der die einzig wahre Lösung der Sache besitzt und in sich verschließt. Er vertraut seine überlegene Einsicht seinem friedlichen Nachbarn an, der sich respektvoll das geistreiche Gelärm um ihn herum anhört und gleichzeitig den Gedanken des Sprechenden billigt, ohne eigentlich zu wissen, worum es geht. Einige andere Personen, die gewöhnlich nur als das Gefolge der Hauptakteure zugegen sind, verteilen sich in kleinen Rotten im Raum, erwägen die Frage im Abseits und genießen das Vergnügen, sie *incognito* zu entscheiden, in weiter Entfernung von der Gefahr und einem Verweis, denn sie wagen es nicht, sich der Schlacht zu nähern, da man sie wie Pygmäen zerstampfen würde. Inzwischen ist die Frage, die den Streit verursacht hatte, vergessen, zwanzig andere sind ihr gefolgt und haben flüchtig ihren Platz eingenommen, ohne als nicht dazugehörend erkannt worden zu sein; und alle werden gleichzeitig erörtert; kurz, man verfährt so, daß nichts mehr übrigbleibt als eine Masse von spitzfindigen, wunderlichen Gedanken, die sich überkreuzen und nichts bedeuten und die einzig der Hochmut, die Sucht, die andern zu übertreffen, wild aufeinandergehäuft hat. Da nun keiner der Wortfechter mehr weiß, an wen er sich halten soll, und jeder in irgendeine Empfindung verbissen ist, die nichts mehr mit seiner ursprünglichen zu tun hat, denn die ist im Kampf verlorengegangen, sondern die er aus Widerborstigkeit beim Geschrei der andern aufgegabelt hat, zieht er sich mit seinen erschöpften, dem Ruhm seiner Ideen geopferten Lungen zurück. Und in welch schrecklichem Zustand die armen Lungen sind! Kurz, was bleibt von der Auseinandersetzung? nichts als eine Lektion über beleidigende Kränkungen (die im Grunde nicht vergebens ist) und ein anschauliches Beispiel der Misere unserer Vorzüge.

Das ist es also, was ich an der besagten Stätte erlebte. Einer der heftigsten Wortfechter ließ erst alle anderen den

Raum verlassen und setzte sich dann zu mir; jetzt sollte ich ihm bestätigen, daß er den eigentlichen Sieg über die andern davongetragen hatte. ›Es ist unmöglich‹, sagte er zu mir, ›mit Leuten, die so laut schreien, daß sie heiser werden, eine Frage zu klären.‹ Und während er das sagte, bewies seine krächzende Stimme, daß auch Monsieur leicht heiser wird; und nun begann er, die Sache mit mir zu erörtern und mich zu bestürmen, ihm recht zu geben; und als er lange argumentiert hatte: ›Was halten Sie davon?‹ fragte er mich. ›Daß Sie recht haben‹, antwortete ich ihm, ›bis auf einen Punkt: ich habe nämlich das ursprüngliche Thema der Auseinandersetzung mitgehört, und darum ging es eben gar nicht.‹ ›Zum Teufel, ich täusche mich doch nicht‹, rief er. ›Soll ich Ihnen die Frage ins Gedächtnis zurückrufen?‹ entgegnete ich, ›sie war sehr einfach, und ich sehe, daß Sie sie gar nicht mehr wissen.‹

Während dieser Worte, bei denen ich mir nichts Böses dachte, sah ich das Gesicht meines gelehrten Schwätzers sich mit einer schreckenerregenden Röte überziehen; ganz offensichtlich betrachtete er es als eine Beleidigung, daß ich glaubte, er hätte die Frage aus den Augen verloren; vielleicht dachte er auch, ich bezweifelte, daß er präzise denken könne, oder ich hielte ihn für einen Wirrkopf; was weiß ich, was er dachte? Bei einer solchen Gelegenheit ist ein Schöngeist so argwöhnisch, seine Eitelkeit verursacht ihm ein so listiges Mißtrauen, er ist so empfänglich für den Verdacht, man würde ihn nicht genügend schätzen, und schöpft ihn bei so geringen Anlässen, daß eine einzige Bewegung genügt, um seine stolze Empfindlichkeit zu reizen.

Daher wagte ich nach einem Blick in die Augen meines Gesprächspartners kaum mehr, mich zu rühren; ich war in größter Verlegenheit. Wieso habe ich mich auch hinreißen lassen, das unvorsichtige Wort auszusprechen, das ihm so mißfällt? sagte ich mir; jetzt bin ich verloren; dieser Mensch wird mich nicht eher wieder freigeben, bis er überzeugt davon ist, daß er mir seine außerordentlichen Fähigkeiten bewiesen hat. Nein, da ist nichts zu machen, ich komme hier nicht weg, ehe er nicht meiner guten Meinung von seinen Kenntnissen sicher ist; er muß glauben, ich bewundere ihn, er wird alles tun, um mich dazu zu zwingen, und wir werden uns erst trennen, wenn er vermutet, daß ich mir sage: dieser Mann ist der größte Geist, den ich kenne.

All das, was ich hier sage, kam mir mit einem Mal in den Sinn; es war Schlag eins, die Zeit, zu der man gewöhnlich ißt, ich war noch nüchtern, er vielleicht ebenso, doch spürte er das nicht mehr; für ihn ging es darum, seinen Geist zu verteidigen, und dieses Interesse war dringender als das seines Magens; ich hatte also keinen Anlaß zu der Hoffnung, er würde seinen Hunger bemerken.

Andererseits war mein Stimmumfang dem seinen nicht gewachsen; doch wie sollte ich von diesem Menschen loskommen? Etwa ihm sagen, daß ich vor Entkräftung nicht mehr diskutieren könne, daß das Mittagessen auf mich warte? und in welchem Augenblick ihm das sagen? vielleicht mitten in einer Beweisführung, die er anstellen würde, die er bereits anstellte und bei der es für ihn um nicht weniger ging, als sich mir gegenüber von dem Vorwurf zu reinigen, nicht der Gescheiteste aller Menschen zu sein, eine Beweisführung also, von der er eine Genugtuung erwartete, deren Genauigkeit und Stärke alle meine Bedürfnisse zum Schweigen bringen müßten. Nein, ich sah kein anständiges Mittel, mich fortzustehlen; ich hatte meinen Mann in seiner Eigenliebe verletzt, und ihn jetzt sitzenzulassen, ohne ihm beizustehen, das hieße ihn ermorden, ihm seine Ehre rauben, das hieße barbarisch sein. Außerdem hemmte mich noch eine andere Überlegung: wenn er mich herausfordert, sagte ich mir, wenn er mich dazu verleitet, mich auch auf meinen Geist zu besinnen, was weiß man, was dann passiert? Seit vierzig Jahren schon übe ich das Gewerbe des Philosophen aus und bekämpfe meine Schwächen, und trotzdem bin ich meiner nicht sicherer geworden; mein Zustand ist wie die Gesundheit eines Genesenden, ein Nichts genügt für einen Rückfall.

Ich saß also wie auf Kohlen; schließlich faßte ich einen Entschluß und gab dem braven Mann nach; ich zeigte ihm das Gesicht eines Freundes; ich verhielt mich ihm gegenüber so, wie man sich den großen Doggen gegenüber verhält, die einem die Zähne zeigen, und die man durch Streicheln allmählich zähmt. ›Wissen Sie, mein Lieber‹, sagte ich also in einem Ton zu ihm, der um Gnade flehte, ›als ich sagte, Sie wüßten die Frage nicht mehr, um die es bei dieser Auseinandersetzung ging, habe ich lediglich von einem reinen Vergessen Ihrerseits sprechen wollen; nicht etwa, daß Sie sie nicht richtig verstanden hätten, ganz im Gegenteil, ich habe bemerkt, daß gerade Sie diese Frage am besten in ihrer Substanz verteidigt, sie am besten eingegrenzt hatten, und ich muß Ihnen gestehen, daß Sie der einzige von all den Herren waren, der etwas Gescheites sagte.‹

Bei diesen honigsüßen Worten beruhigte sich sein Gemüt, seine Augen wurden wieder heiter und verloren ihre wilde Glut. Trotzdem blieb noch etwas Feuer in ihnen, doch das war nur die zufriedene Eitelkeit, die da glänzte und die mir Frieden verkündete.

›Monsieur‹, entgegnete er mir, ›Sie sind sehr zuvorkommend; tatsächlich habe ich vorhin meine Ansicht für vernünftig gehalten, doch jeder hat seine eigene; die Herren verfügen über mehr Geist als ich, aber sie schreien zu laut, sie wollen zu sehr recht behalten. Im übrigen braucht man bei einer Auseinandersetzung eine gewisse Logik, einen Scharfsinn, den man bei wenig Leuten findet: es genügt nicht, Gedanken zu haben, Einfälle, das will nichts besagen, davon halte ich wenig; ich wollte die Geister wieder zum Thema zurückführen, wie Sie gesehen haben, aber sie sind mir nicht gefolgt, und ich verstehe es nicht, so viel

Lärm zu machen.‹ ›Dabei haben Sie durchaus welchen gemacht‹, entgegnete ich ihm, ›und ich kann es nicht leiden, wenn ein so gescheiter Mensch wie Sie seine Ehre dareinsetzt, in einem Streit zu glänzen, bei dem das Getöse alles Gute, was gesagt wird, übertönt; das ist weder klug noch bescheiden. Soll ich Ihnen etwas sagen? ich kann so viel Schwäche nicht mit so viel Geist in Einklang bringen.‹

›Es war nicht richtig von mir‹, entgegnete er mir wohlwollend. Was ich ihm gesagt hatte, war zwar nicht besonders schmeichelhaft, doch der arme Tor merkte das nicht; falsche Lobsprüche täuschten ihn über echte Beleidigungen hinweg; und so erhob er sich lächelnd und fragte: ›Wieviel Uhr ist es?‹ ›Oh‹, antwortete ich, ›es ist schon spät; in Ihrer Gesellschaft langweilt man sich nicht, ich sollte schon längst gegessen haben.‹ Mit diesen Worten gingen wir hinaus, der Himmel sei gepriesen, und er verließ mich, nachdem er mir mit einer Dankbarkeit die Hand gedrückt hatte, die ich kaum verdiente.

Verglichen mit dem Publizisten oder Romanautor ist der Komödienschreiber Marivaux der Bekannteste. In Frankreich stand er mit der Zahl der gespielten Stücke fast immer neben oder unmittelbar hinter Molière und forderte mit einer Ausnahme alle großen Regisseure heraus. In Deutschland beschränkte man sich lange Zeit darauf, immer wieder dieselben Komödien auf die Bühne zu bringen, *Das Spiel von Liebe und Zufall* und *Unbeständigkeit auf beiden Seiten*. Inzwischen hat sich das Spektrum sehr erweitert, und man hat auch den *Prinz als Abenteurer* etwa, *Triumph der Liebe*, *Die falsche Zofe* oder *Überfall der Liebe* sehen können.

Marivaux hatte den größten Teil seiner zahlreichen Komödien für die Comédiens Italiens geschrieben. Diese Truppe hatte auf Betreiben der bigotten Madame de Maintenon 1697 Paris verlassen müssen, war aber 1716 nach dem Tod Ludwig XIV. wieder zurückgekehrt. Ihr von der Commedia dell'arte beeinflußtes, sehr mimisches und gestenreiches Spiel zog ein viel aufgeschlosseneres, vorurteilsfreieres Publikum an als jenes der konventionellen Comédie Française. Nicht verwunderlich also, daß Marivaux, dessen Stücke wegen ihrer Inhalte, besonders aber wegen ihrer modernen Sprache immer wieder Anstoß erregten, bei den Italienern seine größten Erfolge hatte.

Star dieser Truppe war Zanetta Benozzi, genannt Silvia, von der Casanova in seinen Memoiren schrieb, sie sei »das Idol Frankreichs« gewesen und ohne sie wären Marivaux' Komödien niemals an die Nachwelt gelangt. Man hat nie erfahren, wie weit Marivaux' Beziehungen zu der begabten Schauspielerin gingen, Tatsache jedoch ist, daß er für sie seine schönsten Frauenrollen schrieb. Eine hübsche Anekdote erzählt die Geschichte ihrer ersten Begegnung. Silvia habe aus Verzweiflung darüber, nicht jede Nuance ihrer Rolle im *Überfall der Liebe* genau erfassen zu können, den Wunsch geäußert, den Autor kennenzulernen, um von ihm aufgeklärt zu werden. Als Marivaux ihr als Bewunderer ihrer Kunst incognito einen Besuch abstattete, das Rollenbuch sah und einige Passagen daraus vorlas, rief Silvia: »Sie lesen so, wie ich es spielen wollte, wie ich fühlte, daß man es spielen muß; entweder Sie sind der Satan oder der Autor des Stücks«. Worauf Marivaux sich mit der Antwort begnügte, der Satan sei er nicht.

Zu Beginn seiner literarischen Karriere hatte Marivaux eine Tragödie in Versen geschrieben, *Hannibals Tod* (1720), die bereits nach der dritten Aufführung abgesetzt wurde. Auch wenn das Urteil der Kritiker in seltener Übereinstimmung der Tragödie ihren Mangel an Handlung vorwarf und erklärte, der Autor habe weder Talent, Tragödien zu schreiben, noch Verse, so sei hier doch die Spekulation gewagt, ob wir nicht einige uns auch heute noch faszinierende Tragödien von Marivaux sehen könnten, wenn er Kritiker gefunden hätte, die, wie bereits zitiert, »verbessern und nicht verderben, die das verbessern, was an der geistigen Eigentümlichkeit eines Autors mangelhaft ist, aber ihn nicht diese Eigentümlichkeit aufgeben lassen«. Denn diese einzige Tragödie enthält bereits die ganze »Eigentümlichkeit des Autors«. Was ihn an dem historischen Stoff interessierte, war die Psychologie der Protagonisten, und mit Laodice, der Tochter Prussias', hat er eine der schönsten Frauenfiguren geschaffen: ein junges Mädchen, das versucht, in dem Gewirr von politischen Intrigen, Liebe, Feigheit, Verrat, der Last des Mythos Rom, klarsichtig die Entscheidungsmotive zu trennen und sich ihre Selbstachtung zu bewahren. Allein ihr Satz »Ich wäre weniger Gattin als Opfer« für den Fall, sie müsse den ungeliebten Hannibal heiraten, zeigt, mit welcher Sensibilität sich bereits der junge Marivaux in die Psyche einer Frau versetzen konnte.

Vielleicht lagen also die Gründe dafür, daß Marivaux nach dieser frühen Tragödie nur noch Komödien schrieb, in der massiven Ablehnung der Kritiker? Oder sollen wir eher glauben, daß er die Komödie als Mittel für seine moralistischen Absichten vorzog, wie man aus einer Szene der »Insel der Vernunft« folgern könnte? Darin erklärt ein Dichter, der zusammen mit einigen anderen Europäern auf dieser Insel gestrandet ist, einem Einwohner, was er in seinem Land gemacht hat. Zum Verständnis sei noch angemerkt, daß die Europäer durch einen Zauber winzig klein geworden sind und nur wachsen können, wenn sie vernünftig werden.

DICHTER Ich habe in meinem Land Werke des Geistes verfaßt, deren Ziel es war, die Menschen zum Lachen zu bringen oder zum Weinen.

BLECTRUE Werke, die die Menschen zum Weinen bringen! wie merkwürdig.

DICHTER Man nennt das Tragödien; sie werden in Dialogen vorgetragen, und die Helden, die in ihnen vorkommen, sind so empfindsam, Tugend und Leidenschaft überfallen sie abwechselnd auf so wunderbare Weise, sie sind so edle Übeltäter, mit einem so erstaunlichen Stolz, ihre Verbrechen sind von so außerordentlicher Größe, und die Vorwürfe, die sie sich deshalb machen, so hochherzig, kurzum, es sind Menschen mit so achtenswerten Schwächen, die sich auf so bewundernswerte und erhabene Weise töten, daß die Seele bei ihrem Anblick unweigerlich ergriffen ist und man vor Freude weint. – Sie antworten ja gar nicht.

BLECTRUE *(überrascht, betrachtet ihn prüfend)* Da haben wir's. Jetzt erhoffe ich nichts mehr für euch; eure Gattung wird immer unverständlicher. Welch ein schrecklicher Wirrwarr von bewundernswerten Verbrechen, üblen

Tugenden und erhabenen Schwächen! eure Vernunft ist unsinnig. Doch reden Sie weiter.

DICHTER Und dann gibt es die Komödien, in denen ich die Laster und Torheiten der Menschen dargestellt habe.

BLECTRUE Ah, da verzeihe ich den Leuten, wenn sie weinen.

DICHTER Keineswegs, sie haben gelacht.

BLECTRUE Hm?

DICHTER Ich sage Ihnen, sie haben gelacht.

BLECTRUE Sie weinen also, wenn man lachen sollte, und lachen, wenn man weinen muß! Was für ungeheuerliche Kreaturen!

Die falsche Zofe

Die 1724 uraufgeführte Komödie, die im Original den Untertitel trägt »oder der bestrafte Betrüger«, gehört zu den desillusionierendsten Stücken Marivaux'. Im Gegensatz zu anderen Komödien, in denen die Prüfung des zukünftigen Partners das eigentliche Thema ist, führt hier diese Prüfung zu einem negativen Ergebnis: am Ende des raffinierten Entlarvungsspiels sind zwei Heiratsprojekte gescheitert und die Protagonisten um einige Illusionen ärmer.

Eine junge Frau, die nach dem Wunsch ihrer Familie einen Mann namens Lelio heiraten soll, verkleidet sich als Chevalier, um sich diesem Lelio unerkannt zu nähern. Er erweist sich als ein berechnender Zyniker, der die finanziellen Vorteile, die die Heirat ihm bringen wird, gründlich gegen die einer bereits bestehenden Bindung abwägt. Nachdem er sich dem falschen Chevalier anvertraut und ihn um Rat gebeten hat, schöpft er den Verdacht, dieser könne eine Frau sein. Er will von Trivelin, dem Diener des Chevaliers, die Wahrheit erfahren. Doch dieser, obwohl er das Geschlecht seines Herrn sehr genau kennt, ist wenig geneigt, Lelio das Geheimnis zu verraten, denn kurz zuvor hat er ihm den für einen geleisteten Dienst versprochenen Lohn durch das Erlassen von Stockhieben gezahlt. In dem folgenden Dialog wendet Lelio alle ihm zur Verfügung stehenden Mittel an, um trotz Trivelins hartnäckiger Weigerung an sein Ziel zu gelangen: sanfte Freundlichkeit, geschmeidige Überredungskunst, zornige Drohungen, Bestechung und nackte Brutalität. Doch in dem gerissenen Trivelin hat er seinen Meister gefunden.

Zweite Szene

LELIO · TRIVELIN

TRIVELIN *tritt gedankenverloren auf und sagt, als er Lelio sieht.* Da ist mein schlechter Zahler; der Anblick dieses Mannes ist mir verhaßt, ich gehe besser woanders hin.

LELIO *ruft ihn.* Trivelin, ich möchte dich gern sprechen.

TRIVELIN Mich, Monsieur? Können Sie das nicht verschieben? Ich habe ein solches Kopfweh, daß ich mit niemandem reden kann.

LELIO Ausgerechnet du willst auf ein bißchen Kopfweh achten? Komm her.

TRIVELIN Ich habe auch gar keine Neuigkeiten für Sie.

LELIO *geht auf ihn zu und nimmt ihn am Arm.* Nun komm schon.

TRIVELIN Worum geht es denn? Bereuen Sie etwa Ihre Belohnung von vorhin? Mir sind solche Wohltaten noch nie begegnet; möchten Sie die kleine Sache aus Ihrem Leben streichen? Es ist zwar nur eine Lappalie, aber Lappalien können alles verderben.

LELIO Hör mal, dein Geschwätz mißfällt mir.

TRIVELIN Ich habe Ihnen gleich gesagt, daß ich für ein Gespräch unbrauchbar bin.

LELIO Aber ich will, daß du mir klar auf das antwortest, was ich dich frage; und ich werde mich nach deinem Verhalten richten.

TRIVELIN Dann werden Sie sich kurz fassen; denn ich verfüge nur über eine Antwort, nämlich daß ich nichts weiß; Sie sehen, ich verursache Ihnen keine Mühe mit unnützen Fragen.

LELIO Wenn du mir die Wahrheit sagst, wirst du das nicht bereuen.

TRIVELIN Würden Sie mir dann wieder ein paar Stockhiebe ersparen?

LELIO Wir wollen uns nicht streiten.

TRIVELIN *entfernt sich.* Bitte sehr.

LELIO Was machst du?

TRIVELIN Um sich nicht zu streiten, gibt es nichts Besseres, als das Gespräch abzubrechen; ich halte das für das Einfachste.

LELIO Allmählich verliere ich die Geduld und werde wütend; bleib da stehen; hör zu und antworte.

TRIVELIN *beiseite.* Worauf will der verdammte Kerl nur hinaus?

LELIO Ich glaube, du fluchst?

TRIVELIN Das passiert mir manchmal ganz unwillkürlich.

LELIO Hör zu, wir wollen jetzt ganz freundlich miteinander reden, nicht wahr, Trivelin?

TRIVELIN Wie es sich für anständige Leute gehört.

LELIO Kennst du den Chevalier schon lange?

TRIVELIN Nein, das ist eine neue Bekanntschaft; sie ist so alt wie die zwischen Ihnen und mir.

LELIO Weißt du, wer er ist?

TRIVELIN Er bezeichnet sich als den jüngeren Bruder eines Edelmannes; aber die Titel dieses Bruders habe ich noch nie gesehen, und wenn ich sie jemals sehe, dann verspreche ich Ihnen eine Kopie davon.

LELIO Red' offen mit mir.

TRIVELIN Ich verspreche sie Ihnen wirklich, Sie haben mein Wort; eine bessere Garantie gibt es nicht.

LELIO Du verschweigst mir die Wahrheit; er ist kein Chevalier.

TRIVELIN Sollte er der Älteste in der Familie sein? Ich dachte, er wäre nur auf sein Pflichtteil angewiesen; so kann man sich täuschen!

LELIO Du weichst mir aus; gib zu, daß du den falschen Chevalier liebst.

TRIVELIN Ja, ich liebe ihn nach der allgemeinen Regel, daß man alle Menschen lieben soll; das macht ihn mir teuer.

LELIO Und dieser Regel folgst du mit dem mit größten Vergnügen.

TRIVELIN Ach, Monsieur, da täuschen Sie sich, meine Pflichten kosten mich die größte Anstrengung. Ich bin zwar voller Schwung bei den nutzlosen Tugenden, doch bei den notwendigen von einer Nachlässigkeit, die unvorstellbar ist; was sind wir doch für merkwürdige Wesen! Sind Sie nicht wie ich, Monsieur?

LELIO *verärgert.* Gauner, du liebst diesen falschen Chevalier.

TRIVELIN Sachte, Monsieur; verdammt, das ist ernst.

LELIO Du kennst sein Geschlecht.

TRIVELIN Um es klarzustellen: an Geschlechtern kenne ich nur zwei: eins, das behauptet, vernünftig zu sein, und eins, das uns beweist, daß diese Behauptung falsch ist. Zu welchem gehört nun der Chevalier?

LELIO Weil du mich dazu zwingst, will ich dir etwas sagen, paß gut auf: ich schlage dich grün und blau, wenn du dich weiter über mich lustig machst; hast du verstanden?

TRIVELIN Ihre Worte sind eindeutig.

LELIO Ärgere mich nicht; ich habe an der Sache ein äußerst großes Interesse; es geht dabei um mein Vermögen, und entweder du redest, oder ich bringe dich um.

TRIVELIN Sie bringen mich um, wenn ich nicht rede? Ach, Monsieur, wenn schwatzhafte Leute nicht sterben brauchten, ich wäre unsterblich, oder niemand sonst.

LELIO So rede.

TRIVELIN Geben Sie mir ein Thema; so klein es auch sein mag, ich bescheide mich mit ihm und gehe sofort darauf ein.

LELIO *zieht seinen Degen.* Ach, du willst also nicht! Dann werde ich dich etwas gefügiger machen.

TRIVELIN *spielt den Erschrockenen.* Pfui doch! Sie würden mir ja Angst einjagen, wenn Sie nicht das Gesicht eines anständigen Menschen hätten.

LELIO *sieht ihn an.* Ein Schelm bist du!

TRIVELIN Meine Kleidung ist ein Schelm; ich selbst bin ein braver Mensch, aber in diesem Aufzug ist die Redlichkeit ganz für die Katz'; sie bringt einem weder Ehre noch Nutzen.

LELIO *steckt seinen Degen wieder in die Scheide.* Geh, ich will versuchen, ohne das Geständnis auszukommen, das ich von dir haben wollte, aber ich krieg' dich noch, und du stehst mir für allen Ärger ein, wenn ich welchen bekomme.

TRIVELIN Wo immer wir uns begegnen, Monsieur, ich ziehe höflich meinen Hut, das verspreche ich Ihnen, und Sie werden mit mir zufrieden sein.

LELIO *wütend.* Verschwinde jetzt.

TRIVELIN *geht.* Das habe ich Ihnen schon vor einer Stunde vorgeschlagen.

Falsche Geständnisse

In dieser 1737 uraufgeführten Komödie, der letzten in drei Akten, ist Marivaux' Komik realistischer geworden, derber, und seine Gesellschaftskritik direkter. Die Protagonisten haben eine konkrete bürgerliche Existenz bekommen.

Der junge Dorante liebt Araminte, Witwe eines reichen Finanziers. Doch da er selbst nur der mittellose Sohn eines Anwalts ist, weiß er sehr genau, daß seine Liebe in Anbetracht der herrschenden Gesellschaftsnormen niemals Aussicht auf Erfolg haben wird. Sein früherer Diener Dubois, der inzwischen bei Araminte angestellt ist, setzt es sich in den Kopf, die beiden zu vereinen. Bereits zu Beginn des Stückes erklärt er Dorante: »Ein bißchen Selbstvertrauen, zum Teufel; Sie schaffen es, sage ich Ihnen. Ich übernehme das, ich will es, ich habe es mir in den Kopf gesetzt. Ich kenne die Einstellung meiner Herrin, ich kenne Ihre Vorzüge und meine Talente, ich führe Sie, und man wird Sie lieben, so vernünftig man auch ist; man wird Sie heiraten, so stolz man auch ist, und man wird Sie reich machen, so bankrott Sie auch sind, hören Sie? Stolz, Vernunft und Reichtum, alles muß die Waffen strecken! Wenn die Liebe spricht, ist sie die Herrin, und sie wird sprechen.«

Dubois inszeniert ein raffiniertes Spiel, bei dem er, ähnlich wie sein weibliches Pendant Flaminia in der *Unbeständigkeit auf beiden Seiten*, dank der »Kunst, in den Köpfen der Menschen zu lesen«, seine Umgebung dazu bringt, sich so zu verhalten, wie es seinen Zwecken dienlich ist. Dorante wird durch Vermittlung seines Onkels Remy, Verwalter der jungen Witwe, bei dieser als Sekretär eingeführt. Die Absicht des jovialen Alten, eine Ehe zwischen der hübschen Zofe Marton und seinem Neffen zu stiften, kommt diesem zwar sehr ungelegen, wird aber von Dubois sofort genutzt, um das verliebte Mädchen ohne dessen Wissen zu seiner Gehilfin zu machen. Indem der Diener seiner Herrin gegenüber Wahrheiten so vorbringt, daß sie nicht geglaubt, und Doppeldeutigkeiten so, daß sie im beabsichtigten Sinn begriffen werden, gelingt es ihm, Aramintes Interesse an Dorante zu wecken, zu steigern und sich schließlich in Liebe verwandeln zu lassen.

Doch ist das Ziel damit noch nicht erreicht. Ein Graf Dorimont hat Araminte um ihre Hand gebeten, und Madame Argante, ihre Mutter, für die es nichts Erstrebenswerteres gibt als einen sozialen Aufstieg, versucht mit allen Mitteln, diese Heirat zu beschleunigen. Als sie Dorantes Gefühle für ihre Tochter ahnt, verlangt sie daher sofort von ihr, den Sekretär wegzuschicken, und läßt einen nach ihrer eigenen Wahl kommen. Damit wird Dorante unversehens für Araminte nicht nur zum Objekt ihrer Liebe, sondern gleichzeitig zur Personifizierung eines Mutter-Tochter-Konfliktes. Wie gut sie begriffen hat, daß ihre Entscheidung für den »Sekretär« gleichzeitig ihre Emanzipation von der Mutter bedeutet, beweisen ihre an Dorante gerichteten Worte: »Selbst wenn ich mit Ihnen kein bißchen zufrieden wäre, Sie würden bleiben: dazu bin ich jetzt mir selbst gegenüber verpflichtet«.

In den folgenden Szenen aus dem letzten Akt will Madame Argante, die die Heirat ihrer Tochter mit dem Grafen in Gefahr sieht, entsprechende Maßnahmen ergreifen. Sie hat den Verwalter Remy holen lassen: »Wenn er uns nicht von diesem Menschen befreit, wird meine Tochter erfahren, daß ihr Sekretär es wagt, sie zu lieben, das habe ich beschlossen.« Doch sie täuscht sich, wenn sie glaubt, der selbstbewußte Bürger Remy ließe sich von ihrem herrschsüchtigen Gehabe einschüchtern. Er tut es so wenig wie ihre Tochter.

Fünfte Szene

MONSIEUR REMY · MADAME ARGANTE
DER GRAF · MARTON

M. REMY *zu Marton.* Guten Tag, liebe Nichte, wenn Sie es nun mal sein sollen. Wissen Sie, was man von mir will?

MARTON *gereizt.* Gehen Sie hinein, Monsieur, und suchen Sie sich Ihre Nichte woanders. Ich mag schlechte Witze nicht. *Ab.*

M. REMY Ein recht unhöfliches kleines Ding. *Zu Madame Argante.* Man hat mich in Ihrem Auftrag holen lassen, Madame; worum geht es?

MME. ARGANTE *schroff.* Ach, Sie sind es, Herr Verwalter!

M. REMY Ja, Madame, ich kann Ihnen versichern, ich bin es.

MME. ARGANTE Und wieso sind Sie bitte auf die Idee verfallen, uns mit einem Sekretär Ihrer Wahl zu beglücken?

M. REMY Und wieso haben Sie bitte etwas dagegen einzuwenden, Madame?

MME. ARGANTE Weil wir auf Ihr Geschenk gut hätten verzichten können.

M. REMY Du meine Güte! Wenn es nicht nach Ihrem Geschmack ist, Madame, dann sind Sie sehr anspruchsvoll.

MME. ARGANTE Es ist angeblich Ihr Neffe?

M. REMY Ja, Madame.

MME. ARGANTE Nun, soll er Ihr Neffe sein, soviel er will, Sie täten uns einen großen Gefallen, ihn hier wegzuschaffen.

M. REMY Ihnen habe ich meinen Neffen ja nicht vermittelt.

MME. ARGANTE Nein, aber uns mißfällt er, mir und dem Herrn Grafen dort, der meine Tochter heiraten soll.

M. REMY *die Stimme bebend.* Das ist mir neu. Doch da mein Neffe nicht bei Ihnen ist, Madame, scheint es mir nicht wesentlich, daß er Ihnen gefällt. Wir haben bei dem Handel nicht aufgenommen, daß er Ihre Billigung finden muß, daran hat niemand gedacht; und solange er Madame Araminte recht ist, kann jeder zufrieden sein. Pech für den, der es nicht ist. Was bedeutet das schon?

MME. ARGANTE Sie haben einen sehr anmaßenden Ton, lieber Monsieur Remy.

M. REMY Na, Ihre Freundlichkeiten sind nicht dazu angetan, ihn zu mildern, Madame Argante.

GRAF Sachte, Herr Verwalter, sachte; mir scheint, Sie haben Unrecht.

M. REMY Wie Sie meinen, Herr Graf, wie Sie meinen; aber das geht Sie nichts an. Sie wissen, daß ich nicht die Ehre habe, Sie zu kennen, und wir haben nichts miteinander zu schaffen, nicht das geringste.

GRAF Ob Sie mich kennen oder nicht, es ist gar nicht so unwesentlich wie Sie glauben, daß Ihr Neffe Madame gefällt. Schließlich ist sie in diesem Hause nicht fremd.

M. REMY Vollkommen fremd, was diese Angelegenheit betrifft, Monsieur; fremder kann man gar nicht sein. Darüber hinaus ist Dorante ein Mann von Ehre, für den ich mich verbürgt habe, für den ich mich immer verbürgen werde, und über den Madame hier in beleidigender Weise spricht.

MME. ARGANTE Ihr Dorante ist ein unverschämter Mensch.

M. REMY Lappalie! aus Ihrem Mund bedeutet dieses Wort gar nichts.

MME. ARGANTE Aus meinem Mund! Mit wem redet eigentlich dieser kleine Anwalt, Herr Graf? Werden Sie ihn nicht zum Schweigen bringen?

M. REMY Was? mich zum Schweigen bringen? mich, einen Anwalt! Wissen Sie, daß ich seit fünfzig Jahren rede, Madame Argante?

MME. ARGANTE Dann wissen Sie also seit fünfzig Jahren nicht, was Sie sagen.

Sechste Szene

ARAMINTE · MADAME ARGANTE · MONSIEUR REMY · DER GRAF

ARAMINTE Was gibt es denn? Man könnte meinen, Sie streiten sich?

M. REMY Es herrscht nicht gerade Frieden zwischen uns, Madame, und Sie kommen im richtigen Moment: es geht um Dorante; haben Sie Grund, sich über ihn zu beklagen?

ARAMINTE Soviel ich weiß, nicht.

M. REMY Haben Sie bemerkt, daß er es an Redlichkeit hat fehlen lassen?

ARAMINTE Er? nein, wirklich nicht. Ich kenne ihn nur als einen sehr achtenswerten Mann.

M. REMY Nach dem, was Madame sagt, muß er jedoch ein Spitzbube sein, von dem ich Sie befreien soll; man könne auf das Geschenk verzichten, das ich Ihnen gemacht habe, er sei ein unverschämter Mensch, der dem Herrn Grafen mißfällt, welcher in seiner Eigenschaft als zukünftiger Ehemann spricht; und weil ich Dorante verteidige, will man mir beweisen, daß ich dummes Zeug schwatze.

ARAMINTE *kalt.* Da geht man sehr weit. Ich habe damit nichts zu tun, Monsieur, mir liegt es fern, Sie so schlecht zu behandeln. Und was Dorante betrifft, so ist die beste Rechtfertigung für ihn, daß ich ihn behalte. Aber ich bin gekommen, um etwas zu klären, Graf. Man hat mir gesagt, unten sei ein Sekretär, den Sie für mich mitgebracht hätten. Offensichtlich ist das ein Irrtum.

GRAF Madame, es stimmt, daß er mit mir zusammen gekommen ist; aber Madame Argante hatte ...

MME. ARGANTE Einen Augenblick, ich werde antworten. Ja, Tochter, ich habe den Herrn Grafen gebeten, ihn kommen zu lassen, um den jetzigen zu ersetzen, den du hinauswerfen wirst: ich bin meiner Sache sicher. Übrigens habe ich deinen Verwalter reden lassen, aber er übertreibt.

M. REMY Alle Wetter!

MME. ARGANTE *heftig.* Still! Sie haben genug geredet. *Zu Araminte.* Ich habe überhaupt nicht gesagt, sein Neffe sei ein Spitzbube. Vielleicht ist er einer, es würde mich jedenfalls nicht wundern.

M. REMY Eine schlechte Randbemerkung, mit Ihrer Erlaubnis, eine beleidigende Unterstellung, und völlig unangebracht.

MME. ARGANTE Ein redlicher Mensch, meinetwegen; zumindest hat man noch keinen Beweis fürs Gegenteil, und ich will einmal glauben, daß er es ist. Aber was seine Unverschämtheit angeht, und zwar seine große Unverschämtheit, von der habe ich gesprochen, und mit Recht! Du sagst, du willst ihn behalten: das wirst du nicht tun.

ARAMINTE *kalt.* Er bleibt, ich versichere es Ihnen.

MME. ARGANTE Keineswegs; das kannst du nicht. Würdest du einen Sekretär behalten wollen, der dich liebt?

M. REMY Wen soll er denn sonst lieben? Sie vielleicht, mit der er gar nichts zu tun hat?

ARAMINTE Ja, wirklich, warum soll mein Sekretär mich denn hassen?

MME. ARGANTE Oh nein, keine Mißverständnisse. Wenn ich sage er liebt dich, dann meine ich, er ist in dich verliebt, verstehst du? er ist das, was man verliebt sein nennt, er schmachtet nach dir, du bist das geheime Ziel seiner Sehnsucht.

M. REMY *erstaunt.* Dorante?

ARAMINTE *lachend.* Das geheime Ziel seiner Sehnsucht! Oh ja, sehr geheim, finde ich. Ich hätte mich gar nicht für so gefährlich gehalten. Aber wenn Sie schon solche Geheimnisse erraten, warum erraten Sie dann nicht, daß es allen meinen Leuten wie ihm geht? Vielleicht lieben sie mich auch, wer weiß? Monsieur Remy, Sie, der Sie mich häufig sehen, ich errate, Sie lieben mich ebenfalls.

M. REMY Mein Gott, Madame, im Alter meines Neffen hätte es mich genauso erwischt, wie es ihn angeblich erwischt hat.

MME. ARGANTE Das ist kein Anlaß für Scherze, Tochter. Es geht hier nicht um deinen Monsieur Remy; kümmern wir uns nicht um den Alten und behandeln wir die Angelegenheit etwas ernsthafter. Deine Leute lassen dich nicht malen, deine Leute stellen sich nicht hin und betrachten dein Porträt, deine Leute putzen sich nicht elegant heraus und ziehen hübsche Fratzen.

M. REMY *zu Araminte.* Ihretwegen habe ich den Alten überhört, aber der Alte kann grob werden.

ARAMINTE Wirklich, liebe Mutter, Sie wären die erste, die sich über mich lustig machte, wenn das, was Sie behaupten, mich im geringsten beeindrucken würde; es wäre kindisch von mir, ihn wegen eines solchen Verdachtes wegzuschicken. Kann man mich nicht sehen, ohne mich zu lieben? Dann kann ich es nicht ändern, ich muß mich daran gewöhnen und damit abfinden. Sie sagen, er sei elegant herausgeputzt? Ich habe nicht darauf geachtet und werde ihm deshalb keinen Vorwurf machen. Und es wäre seltsam sich aufzuregen, weil er gut aussieht. Im übrigen geht es mir wie allen Leuten: ich habe hübsche Menschen gern.

Siebte Szene

ARAMINTE · MADAME ARGANTE · MONSIEUR REMY · DER GRAF · DORANTE

DORANTE Ich bitte um Verzeihung, Madame, wenn ich störe. Ich habe Anlaß zu der Vermutung, daß Ihnen meine Dienste nicht mehr angenehm sind, und unter diesen Umständen scheint es mir recht und billig, daß ich mein Schicksal erfahre.

MME. ARGANTE *ironisch.* Sein Schicksal! Das Schicksal eines Sekretärs! oh wie schön!

M. REMY Und warum soll der kein Schicksal haben?

ARAMINTE *heftig zu ihrer Mutter.* Sein Ärger geht mich an. *Zu Dorante.* Was sind das für Umstände, Monsieur, und weshalb beunruhigen Sie sich?

DORANTE Das wissen Sie, Madame. In diesem Haus ist jemand, den Sie haben kommen lassen, damit er meinen Platz einnimmt.

ARAMINTE Dieser jemand ist sehr schlecht beraten. Außerdem irren Sie sich: ich habe ihn nicht kommen lassen.

DORANTE Alles hat dazu beigetragen, mich zu täuschen, um so mehr, da Mademoiselle Marton mir eben versichert hat, ich sei in einer Stunde nicht mehr hier.

ARAMINTE Marton hat Ihnen ganz dummes Zeug erzählt.

MME. ARGANTE Die Zeitspanne ist noch viel zu lang: besser wäre es, er ginge sofort.

M. REMY *als spräche er zu sich selbst.* Ich möchte wissen, wie das endet.

ARAMINTE Seien Sie ganz beruhigt, Dorante; selbst wenn ich mit Ihnen kein bißchen zufrieden wäre, Sie würden bleiben: dazu bin ich jetzt mir selbst gegenüber verpflichtet; ich fühle mich gekränkt von der Art, wie man mich behandelt, und ich werde diesem Sekretär sagen lassen, er solle gehen; diejenigen, die ihn hergebracht haben, ohne mich vorher zu fragen, sollen ihn wieder mitnehmen, und ich will kein Wort mehr darüber hören.

Die Kolonie

Marivaux hatte 1729 eine Komödie in drei Akten geschrieben, *Die neue Kolonie oder die Frauenliga*, die zwar von den Comédiens Italiens aufgeführt, doch vom Autor sofort wieder zurückgezogen worden war. Grund dafür war wohl nicht allein der eklatante Mißerfolg, sondern ein Pamphlet, in dem man sich mit beißender Ironie über die Komödie lustig gemacht hatte. Da sie auch nicht im Druck erschien, blieb von ihr nicht mehr übrig als eine Inhaltsangabe im *Mercure de France*. Ungewiß ist, ob das Thema mißfallen hat oder die Art, in der Marivaux es behandelt hatte.

1750 schrieb Marivaux eine zweite Fassung für eine Amateurtruppe, den Einakter *Die Kolonie*. Eine Gruppe von Schiffbrüchigen ist auf einer Insel gelandet, eine neue Gemeinschaft muß gegründet, neue Gesetze geschaffen werden. Die Frauen sind der Meinung, daß endlich die Zeit der Gleichberechtigung von Mann und Frau gekommen sei. Natürlich sehen die Männer das nicht ein und gebrauchen die List einer Bedrohung durch einheimische Krieger, um die Frauen wieder an ihre Kochtöpfe zu bringen.

Dieser Schluß ist von manchen Interpreten mißverstanden und als frauenfeindlich gedeutet worden. Doch in Wahrheit zeigt sich Marivaux auch hier als unbestechlicher Menschenkenner: abgesehen davon, daß die Frauen selbst ihre Position durch Uneinigkeit schwächen, weil sie ihre Klassenunterschiede nicht überwinden können – die eine Anführerin der Frauen, Madame Sorbin, ist die Frau eines Handwerkers, die andere, Artenis, eine Adlige –, beweisen sie durch ihre übertriebenen Reaktionen, daß sie, auch wenn sie im Recht sind, der von ihnen beanspruchten neuen Rolle erst gewachsen sein müssen.

Am Ende der Komödie haben die Frauen erreicht, daß sie sich ihrer eigenen Qualitäten bewußt geworden sind und im Denken der Männer sich einiges verändert hat. Das zu zeigen war realistischer, als einen vordergründigen Sieg der Frauen über die Männer darzustellen.

Selten ist zum nie veraltenden Thema der Gleichheit der Geschlechter etwas gesagt worden, was so unpathetisch und treffend ist wie die Worte, die gegen Ende der Komödie die herzerfrischend unkomplizierte Madame Sorbin an ihren Mann richtet.

Zum Verständnis des folgenden Textauszugs sei noch angemerkt, daß die Frauen beschlossen haben, eine »Verfügung« über die Trennung von den Männern zu verkünden, falls diese sie nicht am Entwurf der neuen Gesetze beteiligen. Und nachdem sie von den Männern eine grobe Abfuhr erlitten haben, verbietet Madame Sorbin ihrer Tochter Lina, sich mit ihrem geliebten Persineus zu treffen: »die gegenwärtigen Umstände zwingen uns, mit seiner ganzen Gattung zu brechen.«

ARTENIS Dort gehen Timagenos und Ihr Mann, ohne uns zu bemerken.

MME. SORBIN Ganz offensichtlich sind sie auf dem Weg zur Versammlung. Sollen wir sie rufen?

ARTENIS Gut, ja, wir wollen sie fragen, worum es geht. *Ruft Timagenos.*

MME. SORBIN *ruft ebenfalls.* He, Mann!

Zweite Szene

ARTERNIS · MADAME SORBIN · MONSIEUR SORBIN
TIMAGENOS

TIMAGENOS Oh, Verzeihung, schöne Artenis, ich hatte Sie hier nicht vermutet.

M. SORBIN Was willst du, Frau? Wir haben es eilig.

MME. SORBIN Nun mal langsam; ich möchte gern ein Wort mit dir reden, Sorbin. Guten Tag erst mal; hast du mir nichts mitzuteilen, ganz zufällig vielleicht?

M. SORBIN Nein, was soll ich dir denn mitteilen, außer was für Wetter ist oder wie spät es ist?

ARTENIS Und Sie, Timagenos, was berichten Sie mir? Sprechen Sie untereinander von den Frauen?

TIMAGENOS Nein, Madame, was die betrifft, da weiß ich gar nichts; von denen ist mit keinem Wort zwischen uns die Rede.

ARTENIS Mit keinem Wort, das ist wirklich gut.

MME. SORBIN Geduld, der Anschlag wird euch aufwekken.

M. SORBIN Was meinst du mit deinem Anschlag?

MME. SORBIN Ach, nichts; ich rede mit mir selbst.

ARTENIS Sagen Sie, Timagenos, wo gehen Sie beide hin, so in Gedanken versunken?

TIMAGENOS Zur Ratsversammlung, zu der man uns ruft. Ich fürchte, daß die Adligen und Standespersonen ebenso wie das Volk uns beide, diesen rechtschaffenen Mann und mich, dazu ernennen werden, die neuen Gesetze auszuarbeiten, und ich muß gestehen, mein Mangel an Erfahrung läßt mich davor zittern.

MME. SORBIN Wie, Mann, du willst Gesetze machen?

M. SORBIN Leider, ja; so wird es verkündet, und das macht mir große Sorgen.

MME. SORBIN Und warum? Wenn du auch ein bißchen grob und schwerfällig bist, du hast immer ein gutes Urteilsvermögen gehabt, und das kommt der Sache sehr zustatten; außerdem bin ich überzeugt, die Herren besitzen so viel Verstand, daß sie die Frauen um ihre Mithilfe bitten, was sich eigentlich von selbst versteht.

M. SORBIN Ach, halt' den Mund mit deinen Frauen, das ist ja zum Lachen!

MME. SORBIN Ich lache ganz und gar nicht.

M. SORBIN Bist du verrückt geworden?

MME. SORBIN Weiß Gott, Mann, du bist ein sehr unhöflicher Vertreter des Volkes; aber zum Glück wird sich das geben, wegen einer Verfügung; denn ich werde auch Gesetze machen.

M. SORBIN *lacht.* Du! ha! ha! ha! ha!

TIMAGENOS *lacht.* Ha! ha! ha! ha!

ARTENIS Was ist daran so komisch? Sie hat recht, sie wird Gesetze machen, und ich ebenfalls.

TIMAGENOS Sie, Madame?

M. SORBIN *lachend.* Gesetze!

ARTENIS So ist es.

M. SORBIN *lachend.* Na, um so besser, macht nur, amüsiert euch, spielt eine Posse; aber hebt uns euren Ulk für ein andermal auf, für jetzt ist er zu albern.

TIMAGENOS Wieso? Etwas Lustiges hat immer Saison.

ARTENIS Etwas Lustiges, Timagenos?

MME. SORBIN Unsern Ulk, Sorbin? Warte nur, wir werden es euch schon zeigen, was Ulk ist.

M. SORBIN Lassen wir die Schwätzerinnen, Seigneur Timagenos, wir müssen gehen. Adieu, Frau, und vielen Dank für deine Mithilfe.

ARTENIS Einen Augenblick, ich möchte gern noch ein paar Worte an den Herrn Vetreter des Adels richten.

TIMAGENOS Sprechen Sie, Madame.

ARTENIS Ich bitte um ein wenig Aufmerksamkeit; wir alle, groß oder klein, adlig, bürgerlich oder Leute des Volkes, waren gezwungen, unser Land zu verlassen, um dem Tod zu entfliehen oder der Versklavung durch den Feind, der uns besiegt hat.

M. SORBIN Das klingt nach einer feierlichen Rede, wir wollen sie auf später verschieben, jetzt fehlt uns die Zeit dafür.

MME. SORBIN Still, Grobian.

TIMAGENOS Hören wir doch zu.

ARTENIS Unsere Schiffe haben uns zu diesem unerforschten Land gebracht, und das Land ist gut.

M. SORBIN Unsere Frauen schwatzen hier zuviel.

MME. SORBIN *wütend.* Schon wieder!

ARTENIS Es wurde beschlossen zu bleiben, und da wir ganz durcheinandergewürfelt hier angekommen sind und die Möglichkeiten für alle jetzt gleich sind, hat niemand das Recht zu bestimmen; alles ist noch ungeregelt, deshalb brauchen wir Anführer, einen oder mehrere, deshalb brauchen wir Gesetze.

TIMAGENOS Dafür wollen wir ja sorgen, Madame.

M. SORBIN Das alles wird es sehr bald geben, dazu werden wir erwartet.

ARTENIS Wer, wir? Wen verstehen Sie unter wir?

M. SORBIN Na, zum Teufel, uns, wen denn sonst?

ARTENIS Bitte nicht so schnell! diese Gesetze, wer wird sie denn machen, von wem kommen sie?

M. SORBIN Von uns.

MME. SORBIN Von Männern!

M. SORBIN Offensichtlich.

ARTENIS Diese Anführer, oder dieser eine Anführer, von wem wird er bestimmt?

MME. SORBIN *spöttisch.* Von Männern.

M. SORBIN Na sicher.

ARTENIS Wer wird es sein?

MME. SORBIN Ein Mann.

M. SORBIN Was denn sonst?

ARTENIS Und immer wieder Männer, und niemals Frauen; was halten Sie davon, Timagenos? denn das gute Urteilsvermögen Ihres Gefährten geht nicht soweit zu verstehen, was ich meine.

TIMAGENOS Offen gestanden, ich begreife auch nicht so recht, wo die Schwierigkeit liegt, Madame.

ARTENIS Das begreifen Sie nicht? Jetzt ist es genug, gehen Sie.

M. SORBIN *zu seiner Frau.* Erklär' du uns das mal.

MME. SORBIN Das verstehst du nicht? Mach, daß du fortkommst.

TIMAGENOS Aber, Madame ...

ARTENIS Aber, Monsieur, Sie erregen mein Mißfallen.

M. SORBIN *zu seiner Frau.* Was meint sie nur?

MME. SORBIN Geh und führe dein Männergesicht woanders spazieren.

M. SORBIN Auf wen sind die nur so wütend?

MME. SORBIN Immer wieder Männer und nie Frauen, und dann verstehen sie uns nicht mal.

M. SORBIN Na und?

MME. SORBIN Na und? Hier hast du dein na und, Flegel.

TIMAGENOS Sie bereiten mir Kummer, Madame, wenn Sie mich gehen lassen ohne mir vorher zu erklären, was Sie gegen mich haben.

ARTENIS Gehen Sie, Monsieur, Sie erfahren es, wenn Sie aus Ihrer Ratsversammlung zurückkommen.

MME. SORBIN Die Trommel wird Ihnen das Übrige verkünden, oder der Anschlag beim Schmettern der Trompete.

M. SORBIN Pfeifen, Trompeten oder Posaunen, wie egal mir das ist; gehen wir, Monsieur Timagenos.

TIMAGENOS Ich bin so beunruhigt, daß ich zurückkomme, sobald ich nur kann, Madame.

Dritte Szene

MADAME SORBIN · ARTENIS

ARTENIS Das ist eine neue Beleidigung, uns nicht einmal zu verstehen.

MME. SORBIN Es ist deren altgewohnte Unverschämtheit, die sich vom Vater auf den Sohn vererbt und ihnen das Gehirn verstopft.

Dreizehnte Szene

TIMAGENOS · HERMOKRATES · DER ANDERE MANN PERSINEUS · ARTENIS · MADAME SORBIN · EINE FRAU MIT EINER TROMMEL und LINA, DIE EIN PLAKAT TRÄGT

ARTENIS Meine Herren, würden Sie bitte unsere Frage beantworten: Sie wollen Verordnungen für die Republik erlassen; werden wir dabei zusammenarbeiten? Welche Aufgaben haben Sie dabei für uns vorgesehen?

HERMOKRATES Keine, wie immer.

DER ANDERE MANN Das heißt, ihr sollt heiraten, wenn ihr dazu alt genug seid, ihr sollt als Frauen euren Männern gehorchen und über euren Hausstand wachen; das ist euer Schicksal, davon können wir euch nicht befreien.

MME. SORBIN Ist das euer letztes Wort? Rührt die Trommel. *Zu Lina.* Und du schlägst die Verfügung dort an den Baum. *Trommelwirbel. Lina hängt das Plakat auf.*

HERMOKRATES Was soll der schlechte Scherz? Reden Sie doch einmal mit ihnen, Seigneur Timagenos, fragen Sie, worum es geht.

TIMAGENOS Wollen Sie uns die Sache bitte erklären, Madame?

MME. SORBIN Lesen Sie den Anschlag, da steht die Erklärung.

ARTENIS Er teilt Ihnen mit, daß wir bei allem beteiligt sein wollen, wir wollen bei allem mitbestimmen und alle Ämter mit Ihnen gemeinsam ausüben, das der Finanzen, der Gerichtsbarkeit und der Verteidigung.

HERMOKRATES Der Verteidigung, Madame?

ARTENIS Ja, der Verteidigung, Monsieur. Nehmen Sie bitte zur Kenntnis, daß wir bisher nur infolge unserer Erziehung feige waren.

MME. SORBIN Zum Teufel, gebt uns Waffen, und wir sind gefährlicher als ihr; ich will, daß wir in einem Monat mit der Pistole wie mit einem Fächer umgehen; vor ein paar Tagen habe ich auf einen Papageien geschossen, so wahr ich hier stehe.

ARTENIS Es ist alles Gewohnheit.

MME. SORBIN Genauso wie eine Gerichtssitzung abhalten oder Präsidentin sein, Ratsherrin, Verwalterin, Majorin oder Advokatin.

DER MANN Frauen als Advokaten?

MME. SORBIN Ach, vielleicht weil wir auf den Mund gefallen wären, oder?

ARTENIS Sie werden doch nicht unser Redetalent bestreiten?

HERMOKRATES Das ist unmöglich, der Ernst der Verwaltung und die Würde der Gerichtsbarkeit werden sich nie mit einem Barett über einer Frauenhaube vertragen.

ARTENIS Was ist das schon, ein Barett, meine Herren? Wieso gilt es mehr als jede andere Kopfbedeckung? Im übrigen erkennen wir es ebensowenig an wie Ihre Gesetze; bis jetzt ist das Ihre Rechtsprechung und nicht unsere; eine Rechtsprechung, die von unseren schönen Augen bestimmt wird, falls wir uns die Mühe machen und sie spielen lassen, und wenn wir erst an der Abfassung der Gesetze beteiligt sind, werden wir sehen, was wir mit dieser Rechtsprechung machen, ebenso wie mit dem Barett, das auch zur Zipfelmütze werden kann, wenn man uns ärgert; weder der Witwe noch der Waise ginge es darum schlechter.

DER MANN Und das wäre noch nicht alles, was ihr uns aufsetzt ...

MME. SORBIN Hach, wie witzig; aber da ist nichts zu machen, lest unsern Anschlag, eure Verabschiedung steht unten auf dem Blatt.

HERMOKRATES Bitte, Seigneur Timagenos, geben Sie Anweisung und befreien Sie uns von diesem Geschnatter.

TIMAGENOS Madame ...

ARTENIS Monsieur, ich habe nur noch ein Wort zu sagen, nutzen Sie die Gelegenheit: es gibt keine Nation, die sich nicht über die Fehler ihrer Regierung beschwerte; doch woher kommen diese Fehler? Daher, daß überall auf der Welt unser Geist bei der Abfassung der Gesetze fehlt, daß die Männer nichts mit der Hälfte des menschlichen Geistes anfangen, über die wir verfügen, daß sie sich immer nur auf ihre Hälfte berufen, die die weitaus schwächere ist.

MME. SORBIN Ja, weil es am Stoff fehlt, ist das Hemd zu kurz.

ARTENIS Die Ehe, die zwischen den Männern und uns geschlossen wird, sollte auch zwischen ihrem Denken und unserm geschlossen werden. So hatten es die Götter gewollt, doch ist es nicht befolgt worden, und das ist der Grund für die unvollkommenen Gesetze; das Opfer davon ist die ganze Welt, und wir dienen ihr, indem wir uns widersetzen. Ich habe gesprochen; es ist nutzlos, mir zu antworten, entscheiden Sie sich, wir geben Ihnen noch eine Stunde Zeit, danach ist die Trennung unwiderruflich, falls Sie nicht nachgeben; folgen Sie mir, Madame Sorbin, wir gehen.

MME. SORBIN *im Weggehen.* Unsere Geisteshälfte grüßt eure.

Vierzehnte Szene

MONSIEUR SORBIN *kommt zurück, als die beiden Frauen hinausgehen* · DIE VORIGEN · PERSINEUS

M. SORBIN *hält Mme. Sorbin zurück.* Ah, da bist du endlich, ich habe dich überall gesucht.

ARTENIS Machen Sie Schluß mit ihm; ich komme gleich zurück und hole Sie.

M. SORBIN *zu Mme. Sorbin.* Wahrhaftig, ich bin entzückt,

dich zu sehen, Madame Sorbin, und dein Verhalten ist wirklich reizend.

MME. SORBIN So, macht es dir Freude, Monsieur Sorbin? Um so besser, ich bin erst noch bei der Einleitung.

M. SORBIN Du hast dem Jungen da gesagt, ihr wolltet mit Leuten seiner Art nicht mehr verkehren; erkläre uns doch ein bißchen, wen du darunter verstehst.

MME. SORBIN Nun, alles, was dir ähnelt, Monsieur Sorbin.

M. SORBIN Was sagst du da, Madame Nachthaube?

MME. SORBIN Was ich denke und wie es ist, Monsieur Zipfelmütze.

TIMAGENOS Sachte, Madame Sorbin; gehört es sich für eine so vernünftige Frau wie Sie, die Achtung, die sie ihrem Mann schuldet, in dieser Weise zu verletzen?

MME. SORBIN Jetzt kommt der auch noch mit seinem Männergeschwätz. Eben weil ich vernünftig bin, spielt sich das so ab. Sie sagen, ich schulde ihm etwas, aber er schuldet es mir genauso; zahlt er es mir, dann zahle ich es ihm auch; deshalb beschwere ich mich ja.

PERSINEUS Dann zahlen Sie es ihr doch, Monsieur Sorbin, zahlen Sie, wir wollen alle zahlen.

M. SORBIN Ein unverschämtes Weib!

HERMOKRATES Sie sehen wohl selbst, daß Ihr Unternehmen nicht durchführbar ist.

MME. SORBIN Glauben Sie etwa, uns fehlte der Mut dazu? Da irren Sie sich, unsere Maßnahmen sind getroffen, alles ist beschlossen, unsere Bündel sind geschnürt.

TIMAGENOS Und wohin gehen Sie?

MME. SORBIN Immer geradeaus.

TIMAGENOS Und wovon wollen Sie leben?

MME. SORBIN Von Früchten, Kräutern, Wurzeln, Muscheln, von nichts, wenn es sein muß; wir fischen, wir jagen, wir werden zu Wilden, doch unser Leben wird ehrenvoll und ruhmreich enden und nicht in der lächerlichen Abhängigkeit, in der man Wesen wie uns gern halten möchte, Wesen mit solchen Gaben.

PERSINEUS Denen meine ganze Bewunderung gilt.

HERMOKRATES Das artet ja in Raserei aus. *Zu Monsieur Sorbin.* So antworten Sie ihr doch.

M. SORBIN Was soll es, sie sind vom Wahnsinn befallen; aber versuchen wir, die Sache vernünftig zu regeln; weißt du, Frau, wozu ich alles fähig bin?

MME. SORBIN Ach, der arme Mann, der hat es gerade nötig; was für ein Geschwätz!

M. SORBIN Geschwätz! Mit wem redest du eigentlich? Bin ich nicht der gewählte Vertreter des Volkes? Bin ich nicht dein Ehemann, dein Herr, das Oberhaupt der Familie?

MME. SORBIN Bin ich nicht, bin ich nicht ... Glaubst du etwa, du kannst mich einschüchtern mit der Aufzählung deiner Ämter, die ich besser kenne als du? Man könnte meinen, er hält sich für einen Gott. Du bist der Vertreter der Männer, und ich die Vertreterin der Frauen; du bist mein Mann und ich bin deine Frau, du bist der Herr und ich die Herrin; und was das Oberhaupt der Familie betrifft, da wollen wir mal vorsichtig sein, da gibt es nämlich zwei, du bist das eine, und ich das andere, mithin stehen wir uns gleich.

PERSINEUS Sie redet Gold, wahrhaftig.

M. SORBIN Aber der Respekt einer Frau ...

MME. SORBIN Aber der Respekt, das ist etwas ganz Dummes; kommen wir zum Ende, Monsieur Sorbin, gewählter Vertreter des Volkes, Ehemann, Herr und Oberhaupt der Familie; das ist alles schön und gut; aber höre mich zum letzten Mal an; die Welt ist ein Pachthof, die Götter da oben sind die Herren, und ihr Männer wart immer, solange es Leben gibt, ganz allein die Pächter, aber das ist nicht gerecht; gebt uns unsern Teil von dem Pachthof, bestimmt ihr und bestimmen wir; gehorcht ihr und gehorchen wir; teilen wir Gewinn und Verlust; seien wir gemeinsam Herren und Knechte; mach das, Frau, mach das, Mann, so muß es heißen, das ist die Form, in die die Gesetze gebracht werden müssen, wir wollen es und verlangen es, wir bestehen darauf. Wollt ihr es nicht? In dem Fall erkläre ich dir, daß deine Frau, die dich liebt und die du lieben solltest, die deine Gefährtin ist, deine Freundin und nicht deine Dienerin, es sei denn, du wärest ihr Diener, ich erkläre dir also, daß du sie los bist, daß sie dich verläßt, daß sie das Band der Ehe zerreißt und dir den Hausschlüssel zurückgibt.

Die beiden großen Romane

Der Bauer als Emporkömmling

Trotz des umfangreichen Prosawerkes, das Marivaux in seiner Jugend verfaßt hat, sind nur die beiden Romane *Der Bauer als Emporkömmling* und *Das Leben der Marianne*, die als erste psychologisch-realistische Romane zur Weltliteratur gehören, von der Öffentlichkeit zur Kenntnis genommen worden. Ihre Entstehung ist insofern miteinander verknüpft, als Marivaux die ersten vier Teile des *Bauern* von Mai bis Oktober 1734 veröffentlichte, den fünften im folgenden Frühjahr, also nachdem bereits die beiden ersten Teile der *Marianne* erschienen waren. Bedenkt man, daß der dritte Teil der *Marianne* im Herbst 1735 herauskam, muß man den Schluß ziehen, daß Marivaux sich mehr oder minder gleichzeitig mit diesen beiden für sein Werk so charakteristischen Figuren beschäftigt hat. Beides sind Individuen, die als Außenseiter in die Gesellschaft eintreten und durch den Kontakt mit ihr sich ihrer selbst bewußt werden. Aber welch ein Unterschied zwischen ihnen! Während Marianne eine Waise ist, die nicht einmal den Stand ihrer Eltern kennt, doch die sich auf Grund ihrer sensiblen femininen Intelligenz in der Gesellschaft halten kann, ist Jacob ein kräftiger Bauernjunge aus einem Dorf in der Champagne, dessen Trumpfkarte sein »guter bäurischer Verstand« ist, auf den er immer wieder stolz verweist. Vielleicht hat Marivaux die Arbeit an der den geheimsten psychischen Vorgängen nachspürenden Marianne unterbrochen, um sich bei einer Figur neue Kraft zu holen, für die er vom Anfang seines Schreibens an stets eine besondere Vorliebe hatte: dem naiv-schlauen, sinnlich-komischen, offen-verschlagenen Kind vom Land. Ob es die Arlequines der Komödien sind, Cliton aus dem *Pharsamon*, der naive Abenteurer Brideron oder der »philosophische Vagabund« – sie alle sind enge Verwandte des pfiffigen Jacob, der in Paris sein Glück sucht und es auch findet.

Ähnlich wie Marianne blickt Jacob zu Beginn des Romans als älterer, zu Ansehen und Wohlstand gekommener Mann auf sein Leben zurück, genauer gesagt auf seine Jugend, den Beginn seines Aufstiegs vom kleinen Naivling, der weder schreiben noch rechnen kann, zum angesehenen Pariser Bürger und umschmeichelten Liebling älterer Frauen. Daß Jacob dieser Aufstieg so rasch gelingt, verdankt er vor allem seinem bereits erwähnten bäurischen Verstand, der ihn die Dinge klar erkennen läßt. »Du siehst die Dinge, wie sie sind, deine Augen sind zu gesund«, heißt es in dem Gespräch, in dem der Vater seinen Sohn über die Unmoral des Hofes aufklärt. Auch Jacobs Augen sind sehr gesund, doch hat er wenig Skrupel, sie im entscheidenden Augenblick zu schließen. Er lebt in einer schlechten, korrumpierten Gesellschaft – bei aller Heiterkeit des Romans sollte man Marivaux' scharfe Kritik an ihr nicht übersehen – und versteht es, aus jeder Lage seinen Vorteil zu ziehen. Doch profitiert er von den herrschenden Mechanismen, ohne sie selbst anzuwenden, so daß er immer ein einigermaßen reines Gewissen hat. Ähnlich wie der ihm verwandte Dubois in der Komödie *Die falschen Geständnisse* kann man ihn selten einer Lüge überführen, doch sagt er auch nicht die Wahrheit. »Ich machte das so gut, daß ich selbst darauf hereinfiel«, kommentiert er seine spitzfindige Moral.

Der junge Bauer, der den Wein seines Gutsherrn nach Paris bringen sollte, hat dort rasch Geschmack am abenteuerreichen Leben gefunden und versteht es schon nach ein paar Tagen, den Charme seiner ländlichen Naivität in der übersättigten Gesellschaft geschickt einzusetzen. Er begegnet auf dem Pont Neuf einer ledigen Fünfzigerin, Mademoiselle Haberd, in dem Augenblick, als sie von einem Unwohlsein befallen wird. Seine gutmütige Hilfsbereitschaft erobert rasch das noch jugendliche Herz der Dame, die gerade auf der Suche nach einem Diener ist. Und da ihrer bigotten Schwester, mit der sie zusammenlebt, und ihrem Beichtvater der Diener nicht gefällt, verläßt sie ohne Zögern das Haus und zieht mit dem inzwischen zum Vetter avancierten Jacob in eine andere Wohnung. Bereits einen Tag nach dem im Textauszug geschilderten Abendessen kommt es zu einer Heiratsabsprache, bei der Marivaux seiner Abneigung gegen alles Bigotte und einen auf die eigenen banalen Belange reduzierten Glauben eine Form von besonderer Komik gegeben hat. »Auf, mein Sohn«, sagt Mademoiselle Haberd nach einem längeren Gespräch in ihrem Zimmer zu Jacob, »es gibt keinen Zweifel, du bist der, mit dem ich mich nach Gottes Willen verbinden soll; du bist der Mann, den ich suchte, mit dem ich zusammenleben soll, und ich schenke mich dir.« »Und ich«, antwortet Jacob und fällt ihr zu Füßen, »ich beuge mich vor diesem glücklichen Geschenk, dieser gesegneten Ehe, die ich nicht verdiene, doch Gott befiehlt sie Ihnen, und Sie sind eine zu gute Christin, um sich zu widersetzen. Der ganze Vorteil ist auf meiner Seite, die ganze Barmherzigkeit auf Ihrer.« Die Hochzeitsnacht, die nach einigen Zwischenfällen endlich stattfindet, wird zeigen, daß sich Mademoiselle Haberd dem noch nicht zwanzigjährigen Jacob durchaus nicht allein aus Barmherzigkeit »geschenkt« hat.

Die Heirat hindert Jacob nicht daran, sich auch von anderen Frauen verführen zu lassen, denn schließlich kann man »sehr gut zwei Vergnügen gleichzeitig empfinden«, und außerdem schmeichelt ihm der Stand seiner Verehrerinnen: sie sind von Adel. »Ich liebte aus trunkener Eitelkeit.«

Ein sinnlicher, praller Roman also, den Marivaux mit seinem *Bauern als Emporkömmling* geschrieben hat, und reich an Ereignissen: Bankrott, Familienintrigen, Gefängnisaufenthalt, Mordversuch und Mord ... Wer wollte da behaupten, daß Marivaux keine Geschichten erzähle? Und in allen Schichten der Gesellschaft finden wir, lange vor Balzac, Egoismus, Lüge, Habgier, Eifersucht und Intoleranz. Doch da wir diese Menschen mit Jacobs wachen und keineswegs bösartigen Augen sehen, fällt es uns leichter, uns unter sie zu mischen und viel Bekanntes bei ihnen zu entdecken.

Jetzt sind wir also in dem anderen Haus; und ab hier wird man meine Abenteuer vornehmer werden sehen und bedeutender; hier beginnt mein Glück: der Name Jacob hat ausgedient, ab jetzt wird nur noch von Monsieur de la Vallée die Rede sein, ein Name, den ich eine Zeitlang getragen habe und der tatsächlich der meines Vaters war; doch an diesen hatte man einen andern gefügt, um ihn von einem seiner Brüder zu unterscheiden, und unter diesem anderen, den ich nicht zu nennen brauche, kannte man mich; ich nahm ihn erst nach Mademoiselle Haberds Tod wieder an, obwohl ich mit dem vorherigen keineswegs unzufrieden war; doch die Leute aus meiner Gegend beharrten darauf, mich so zu nennen. Aber gehen wir ins andere Haus.

Unsere Wirtin empfing uns wie ihre besten Freunde. Das Zimmer, in dem Mademoiselle Haberd schlafen sollte, war schon vorbereitet, und ich hatte ein kleines Feldbett ganz in der Nähe, in dem für mich bestimmten Raum, den ich bereits erwähnt habe.

Wir brauchten nur noch ein Abendessen, und der Garkoch vor unsrer Tür hätte uns alles Nötige geliefert, doch unsere zuvorkommende Wirtin, der ich gesagt hatte, daß wir noch am gleichen Abend einziehen würden, hatte vorgesorgt und bestand darauf, daß wir das Nachtmahl bei ihr einnahmen.

Sie tischte reichlich auf, und unser Appetit tat den Gerichten alle Ehre an.

Mademoiselle Haberd begann zunächst meine Eigenschaft als Vetter zu festigen, worauf ich ihr ohne Umschweife mit dem Namen Base antwortete; und da ich noch einen kleinen Akzent behalten hatte und sogar ein paar bäurische Wendungen, beschönigten wir das, indem wir sagten, ich käme vom Land und sei erst seit ein paar Monaten in Paris.

Bis vor kurzem hatte ich immer noch eine etwas ländliche Redeweise gehabt; doch seit mehr als einem Monat gelang es mir recht gut, besser zu sprechen, wenn es mir darauf ankam, und ich hatte diese Redeweise bei Mademoiselle Haberd nur behalten, weil sie mir bei ihr zustatten kam und ich ihr alles, was mir gefiel, im Schutz dieser bäurischen Sprache gesagt hatte; aber sicher ist, daß ich besser Französisch sprach, wenn ich es wollte. Dafür hatte ich schon genügend Erfahrung, und ich war der Meinung, ich müsse mich anstrengen, um besser als gewöhnlich zu sprechen.

Unsere Mahlzeit war so fröhlich, wie man sich nur denken kann, und ich war der Fröhlichste von allen.

Meine Lage erschien mir sehr angenehm; allem Anschein nach liebte mich Mademoiselle Haberd, sie war noch ziemlich reizvoll und reich für mich; sie verfügte gut und gern über viertausend Pfund Rente und mehr, und ich blickte in eine verlockende und sehr nahe Zukunft, was die Seele eines Bauernjungen meines Alters erfreuen mußte, der nach dem Verlassen des Pfluges geradenwegs in den ehrenwerten Rang eines braven Pariser Bürgers springen konnte; mit einem Wort, ich stand dicht davor, ein gut etablierter Mann zu sein und von meinen Zinsen zu leben, verwöhnt von einer Frau, die ich keineswegs haßte und der mein Herz eine Dankbarkeit entgegenbrachte, die so sehr der Liebe glich, daß ich mir nicht die Mühe machte, den Unterschied zu prüfen.

Ich war von Natur aus ein munterer Bursche, man hat es in den Berichten, die ich über mein Leben gegeben habe, feststellen können; und wenn sich zu dieser natürlichen Munterkeit noch besondere Gründe für Munterkeit gesellen, du lieber Himmel, wie man dann sprüht! So ging es mir; fügt noch ein bißchen Witz dazu, denn an dem fehlte es mir nicht, und würzt das Ganze mit einem angenehmen Äußeren: sind das nicht genügend Reize, um bei Tisch zu gefallen? Füllt man da nicht gut seinen Platz aus? Ohne Zweifel tat ich das, denn unsere Wirtin, eine Freundin des Vergnügens, das sie, um ehrlich zu sein, eher genoß, wo sie es fand, als daß sie es hätte hervorrufen können, da ihre Gespräche viel zu weitschweifig waren, um amüsant zu sein, und bei Tisch braucht man nur Worte und keine Erzählungen, unsere Wirtin also wußte gar nicht, welches Kompliment der Freude würdig sei, die meine Gesellschaft ihr bereite, wie sie sagte. Sie wurde ganz unbefangen gefühlvoll, als sie mich betrachtete, ich gewann ihr Herz, und das sagte sie gradeheraus, ohne es zu verbergen.

Ihre Tochter, die, wie ich schon sagte, siebzehn oder achtzehn war, ich weiß es nicht mehr genau, und deren Herz zurückhaltender war und durchtriebener, sah mich aus den Augenwinkeln an, und indem sie ein eher heuchlerisches als sittsames Aussehen annahm, zeigte sie nur die Hälfte des Vergnügens, das sie an meinen Worten fand.

Mademoiselle Haberd ihrerseits erschien mir höchst verblüfft über meine große Lebhaftigkeit; ich sah an ihrem Gesichtsausdruck, daß sie mich zwar für witzig gehalten hatte, aber doch nicht so, wie ich es tatsächlich war.

Ich achtete darauf, daß ihre Wertschätzung und ihre Zuneigung wuchsen, doch daß gleichzeitig diese Zunahme an Gefühlen nicht ohne Unruhe blieb.

Die Lobsprüche meiner naiven Wirtin ließen sie aufhorchen, die verstohlenen scharfen Blicke, die das junge Mädchen mir von der Seite zuwarf, entgingen ihr nicht.

Wenn man liebt, gibt man auf alles acht, und ihr Herz spaltete sich in die Besorgnis über meine Beliebtheit und die Genugtuung, daß ich so liebenswert war.

Ich bemerkte das sehr wohl, denn die Kunst, in den Köpfen der Menschen zu lesen und ihre geheimen Gefühle zu entwirren, ist ein Talent, über das ich immer verfügt habe und das mir so manches Mal gute Dienste geleistet hat.

Ich war entzückt, Mademoiselle Haberd in dieser Verfassung zu sehen; das war ein gutes Zeichen für meine Hoffnungen, es bestätigte mir ihre Gefühle für mich und mußte ihre guten Absichten beschleunigen, um so mehr, da die Blicke des jungen Mädchens und die Schmeicheleien der Mutter mich gewissermaßen zur Versteigerung brachten.

Ich verstärkte also noch meine Reize, so gut ich konnte, um Mademoiselle Haberd weiter in der Unruhe zu halten, die sie bei ihr auslösten; doch da sie sich vor dem Vergnügen ängstigen sollte, das man an mir fand, und nicht vor dem, das ich nach ihrem Eindruck an einer der beiden Damen empfinden würde, hielt ich mich so weit zurück, daß ich ihr für nichts verantwortlich scheinen konnte und sie glauben mußte, ich hätte allein die Absicht, mich zu amüsieren, und nicht etwa die, gefallen zu wollen, und daß ich, wenn ich liebenswert war, damit nur in ihrem Herzen gewinnen wollte und nicht in einem der beiden Damen.

Als Beweis dafür achtete ich sehr darauf, sie häufig mit Blicken anzusehen, die ihre Zustimmung heischten für alles, was ich sagte; so verstand ich es einzurichten, daß sie mit mir zufrieden war, sie ihre Unruhe behielt, die mir nützlich sein konnte, und ich weiter unseren beiden Gastgeberinnen gefiel, bei denen ich es außerdem verstand, sie davon zu überzeugen, daß sie mir gefielen, um sie ihrerseits aufzumuntern, mir zu gefallen, und sie weiter ihre Gefühle äußern zu lassen, denn das brauchte ich, um Mademoiselle

Haberd zu einer Erklärung zu drängen; und wenn ich schon alles sagen soll, vielleicht wollte ich auch sehen, was aus diesem Abenteuer werden würde und aus allem meinen Nutzen ziehen. Man genießt es, wenn man, wie man so sagt, mehrere Eisen im Feuer hat.

Doch habe ich etwas vergessen, und zwar die Beschreibung des jungen Mädchens, und die ist wichtig.

Ihr Alter habe ich gesagt. Agathe, so hieß sie, hatte bei ihrer bürgerlichen Erziehung weit mehr Geist als ihre Mutter, deren geschwätzige Naivität und Herzensergüsse sie als lächerlich empfand. Das erkannte ich an manchem schlauen Lächeln von Zeit zu Zeit, dessen Bedeutung der Mutter entging, die zu gutmütig und bieder war, um so intelligent zu sein.

Agathe war nicht hübsch, doch hatte sie sehr feine Züge, und ihre Augen waren lebhaft und voller Feuer, einem Feuer jedoch, das die kleine Person zurückhielt und nur heimlich aufzucken ließ, was ihr, alles zusammengenommen, einen reizvollen und geistreichen, doch leichtfertigen Ausdruck verlieh, dem man zunächst mißtraute, weil er irgend etwas Listiges hatte, das sich auf die ganze Person übertrug und sie etwas unsicher machte.

Agathe hatte ganz allgemein einen Hang zur Liebe, man fühlte bei ihr eher die Neigung verliebt zu sein als zärtlich, mehr Heuchelei als Sittsamkeit, mehr Aufmerksamkeit für das, was man von ihr sagte, als wie sie im Grunde war: sie war die unerschrockenste Lügnerin, die ich je kannte; nie habe ich ihren Geist wegen eines Auswegs in Verlegenheit gesehen. Man hätte sie für schüchtern halten können, doch gab es keine beharrlichere, entschlossenere Seele, keinen Kopf, der so selten die Fassung verlor; niemand kümmerte sich in seinem Herzen weniger um einen begangenen Fehler, welcher Natur er auch gewesen sein mochte, doch niemand kümmerte sich mehr darum, ihn zu verbergen oder zu entschuldigen; niemand fürchtete weniger den Vorwurf, wenn er nicht zu vermeiden war; dann sprach man mit einer so gelassenen Täterin, daß ihr Fehler als ganz unwichtig erschien.

Ich entwirrte nicht sofort den ganzen Charakter, den ich hier darstelle, ich erkannte ihn erst im längeren Umgang mit Agathe.

Es bestand kein Zweifel, daß sie mich nach ihrem Geschmack fand, ebenso wie ihre Mutter, der ich sehr gefiel, eine brave Frau, deren Herz man sehr weit bringen konnte. So sah ich also auf beiden Seiten eine recht schöne Karriere, die meinen Galanterien offenstand, falls ich nach einem Erfolg streben wollte.

Doch Mademoiselle Haberd war sicherer als das alles; sie war niemandem für ihr Handeln Rechenschaft schuldig; und falls ihre Pläne günstig für mich waren, setzten sie sich keinerlei Widerspruch aus. Außerdem schuldete ich ihr Dankbarkeit, und das ist eine Schuld, die ich stets und jedermann gegenüber reichlich beglichen habe.

So beschloß ich also trotz der Gunst, die ich noch am gleichen Tag in jenem Haus erwarb, trotz allem Anschein, daß ich in der Lage sei, mir Geltung zu verschaffen, mich an das Herz zu halten, das am nächsten lag und am eigenständigsten in seinen Entschlüssen war.

Das Leben der Marianne

Der unvollendete Roman *Das Leben der Marianne* wird allgemein als Marivaux' Hauptwerk angesehen, die Titelheldin gehört neben Madame Bovary und Manon Lescaut zu den drei berühmtesten französischen weiblichen Romanfiguren. Wie bereits in der Einführung zum *Bauern als Emporkömmling* erwähnt, hatte der Autor den ersten und zweiten Teil vor dem *Bauern* veröffentlicht, die weiteren Teile jedoch in kürzeren oder längeren Abständen nach ihm, bis er den Roman schließlich 1742 nach dem elften Teil endgültig abbrach.

Das Werk ist der für eine Freundin verfaßte Lebensbericht von Marianne, einer Waise, die als Kind im Alter von zwei oder drei Jahren als einzige Überlebende aus einer von Räubern überfallenen Kutsche gezogen worden war. Ihre Herkunft ist ungewiß. Sie wird von einem Pfarrer und seiner Schwester aufgenommen und erzogen. Wegen eines kranken Verwandten reist die Schwester mit Marianne nach Paris, stirbt dort aber sehr bald. Das junge Mädchen, mittellos, allein und unerfahren in der großen Stadt, wird von einem Mönch an Monsieur de Climal empfohlen, einen älteren, wohlhabenden Herrn der höheren Gesellschaft, der sich hilfreich ihrer annimmt, nicht ohne geheime Absichten, wie sich bald herausstellen wird. Er bringt sie bei Madame Dutour unter, einer Wäschehändlerin. Marianne sieht bei einem Kirchgang einen jungen Mann, Valville, und verliebt sich in ihn. Als sie auf dem Rückweg einer Kutsche ausweichen will, verstaucht sie sich den Knöchel. Valville, der in der Kutsche sitzt, läßt sie in sein Haus bringen und ärztlich versorgen. Da sie noch nicht laufen kann, fährt eine Mietkutsche sie zu Madame Dutour zurück. Der erste Textauszug schildert die Ankunft der von den Ereignissen erregten Marianne vor dem Laden der Händlerin.

Als Monsieur de Climal Marianne mit seiner Liebe bedrängt, weist sie ihn empört zurück. Sie ist verzweifelt, um so mehr, da Valville, der, wie sich herausgestellt hat, ein Neffe ihres stürmischen Verehrers ist, diesen zu ihren Füßen überrascht hat. Sie läuft durch den lärmenden Trubel von Paris zu dem Mönch, um bei ihm Trost in ihrem Kummer zu finden. Der zweite Textauszug schildert ihr Gespräch mit ihm.

Später lernt Marianne durch Zufall Madame de Miran, die Mutter Valvilles, kennen, die eine mütterliche Freundin für sie wird. Sie verliert deren Sympathie auch dann nicht, als sie sich als jene zu erkennen gibt, in die Valville so sehr verliebt ist, daß er ihretwegen eine geplante Standesheirat ablehnt.

Nach einigem Zögern willigt Madame de Miran trotz Mariannes ungewisser Herkunft in eine Verbindung ihres Sohnes mit ihr ein. Ihre Begründung: »Das wird mich zwar mit angesehenen Leuten entzweien, aber ich liebe dich mehr als sie. Ich hätte sonst deine Tyrannin sein müssen, aber ich glaube, es ist besser, deine Mutter zu sein.«

Valville aber verliebt sich unerwartet in ein anderes Mädchen. Aus Verzweiflung will Marianne den Schleier nehmen, doch eine junge Nonne warnt sie. Sie beginnt, ihre eigene Lebensgeschichte zu erzählen. Mitten in diesem Bericht endet der Roman.

Soweit das Handlungsgerippe. Doch spielt auch in diesem Roman der Inhalt nur bedingt eine Rolle. Das wirkliche Interesse liegt in den zahllosen Abschweifungen und Reflexionen Mariannes, in denen sich Marivaux als Meister im Erfassen subtilster psychologischer Vorgänge erweist. Allerdings stießen sie bei den Lesern des 18. Jahrhunderts auf heftige Ablehnung. Bereits der erste Teil der *Marianne* hatte so vehemente Kritik provoziert, daß der Autor sich verpflichtet fühlte, dem zweiten Teil ein kurzes Vorwort voranzustellen. Es ist bezeichnend für die Nachlässigkeit, mit der auch in Frankreich das marivauxsche Werk behandelt wurde, daß dieses Vorwort nach der Originalausgabe vollständig erst wieder in der 1963 von Frédéric Deloffre herausgegebenen Ausgabe der *Marianne* enthalten ist. Da es sowohl charakteristisch ist für die Art, wie Marivaux auf die Angriffe seiner Kritiker einging, wie auch eine raffinierte Erläuterung seiner Romantheorie ist, sei es hier veröffentlicht.

Vorwort zum zweiten Teil

Der erste Teil vom »Leben der Marianne« schien vielen Leuten gefallen zu haben. Sie haben vor allem die eingestreuten Reflexionen geschätzt. Andere Leser haben gesagt, es seien ihrer zu viele gewesen, und an jene wendet sich dieses kleine Vorwort.

Wenn man ihnen ein Buch mit dem Titel »Reflexionen über den Menschen« gäbe, würden sie es dann nicht gern lesen, vorausgesetzt, die Reflexionen sind gut? Wir haben sogar sehr viele Bücher dieser Art, und einige davon werden hoch geschätzt. Warum mißfallen ihnen also hier die Reflexionen, sofern gegen sie nichts anderes einzuwenden ist, als daß es Reflexionen sind?

Sie werden sagen, daß in Geschichten wie dieser solche Reflexionen nicht am Platze sind: Wir sollen hier unterhalten und nicht zum Nachdenken gebracht werden.

Darauf ist folgendes zu erwidern: Wenn Sie »Das Leben der Marianne« als einen Roman betrachten, haben Sie recht, Ihre Kritik ist angebracht; es gibt zu viele Reflexionen, und das gehört nicht zu der gewöhnlichen Form von Romanen oder Erzählungen, die nur zur Unterhaltung gemacht sind. Aber Marianne hat nicht die Absicht, einen Roman zu verfassen. Ihre Freundin bittet sie um die Geschichte ihres Lebens, und sie schreibt sie auf ihre Weise. Marianne hat keinerlei Vorstellung einer Form im Kopf.

Sie ist keine Autorin, sondern eine Frau, die denkt, die ihren Stand mehrmals gewechselt, die viel gesehen hat; kurz, deren Leben ein Geflecht von Ereignissen war, die ihr gewisse Kenntnisse über die Seele und den Charakter der Menschen verschafft haben, eine Frau, die, wenn sie ihre Abenteuer erzählt, sich vorstellt, mit ihrer Freundin zusammen zu sein, mit ihr zu sprechen, sie zu unterhalten, ihr zu antworten, und die mit dieser Vorstellung die Tatsachen, die sie erzählt, ohne Unterschied mit den Reflexionen vermischt, die ihr dabei kommen. Das ist der Ton, den Marianne anschlägt. Es ist, wenn Sie so wollen, nicht der des Romans, noch der einer Geschichte, sondern ihr eigener; verlangen Sie keinen anderen von ihr. Stellen Sie sich nicht vor, daß sie schreibt, sondern daß sie spricht. Wenn Sie diesen Standpunkt einnehmen, ist Ihnen ihre Art zu erzählen vielleicht weniger unangenehm.

Trotzdem wird sie im weiteren Verlauf weniger nachdenken und mehr erzählen; und da sie ihren Stand ändert, werden ihre Schilderungen interessanter und ihre Reflexionen eher anwendbar auf das, was sich in der großen Welt ereignet.

Im übrigen werden viele Leser vielleicht den Streit des Kutschers mit Madame Dutour nicht mögen. Es gibt Leute, die es für unter ihrer Würde halten, einen Blick auf das zu werfen, was die allgemeine Meinung als niedrig betrachtet hat; doch jene, die etwas philosophischer veranlagt sind, die etwas weniger auf die Unterschiede hereinfallen, die der Hochmut in die Dinge dieser Welt gebracht hat, jene Leute wird es nicht verdrießen, den Mann in einem Kutscher zu sehen und die Frau in einer kleinen Händlerin.

Leider gab es unter Marivaux' Zeitgenossen zwar viele Philosophen, aber nur wenige, die in diesem Sinn »philosophisch veranlagt« waren. Der Streit der Wäschehändlerin mit dem Kutscher rief einen Sturm der Entrüstung hervor. Einer der tonangebenden Literaten und heftigsten Gegner des Autors, Abbé Desfontaines, fand ihn schlicht »unwürdig« und schrieb, an das oben zitierte Vorwort anknüpfend, in seiner Kritik: »Weder Meinung noch Hochmut bewirken, daß es verachtenswerte Dinge gibt, sondern die Natur und die Vernunft. Es gibt einen wahren Adel und eine wahre Niedrigkeit, unabhängig von Meinung und Hochmut. Das gemeine Volk hat niedere Gefühle, weil es eine niedere Erziehung genossen hat. Dadurch ist es verachtenswert. Wer könnte auf dem Theater die schlechten Witze eines Mannes oder einer Frau aus der Hefe des Volkes ertragen oder ihre groben Beleidigungen? Das ist eines wohlerzogenen Menschen unwürdig und widerwärtig in einem Werk. Im übrigen, wieso zeigt uns der Autor ›den Mann in einem Kutscher und die Frau in einer kleinen Händlerin‹? Man sieht zwei Personen, die langweilig miteinander streiten, das ist alles.« In seiner Kritik des dritten Teils der *Marianne* gibt der Abbé Marivaux den Rat: »Ein Autor sollte es unterlassen, Leute darzustellen, die der Aufmerksamkeit so wenig würdig sind« und weist ihn darauf hin, daß der Schriftsteller »nur das darstellen (dürfe), was in der Natur schön, groß, edel, hübsch und anmutig« sei.

Desfontaines war bei weitem nicht der einzige, der in diesen Tönen Marivaux vorwarf, sich mit dem Volk zu beschäftigen. Auch Voltaire wünschte ihm »edlere Themen«, und mit Zitaten ähnlicher Art ließen sich viele Seiten füllen. Doch hier genügen die wenigen, um einen Eindruck zu vermitteln, welcher Art Angriffe Marivaux sich ausgesetzt sah. Es sei im übrigen noch erwähnt, daß er es endgültig mit »ganz Paris« verdarb, als er Valville zu einem treulosen Liebhaber machte. Das widersprach allzusehr dem, was man von einem Roman erwartete.

Die naheliegende Frage, warum der Roman unvollendet geblieben ist, kann man unter anderem also auch damit beantworten, daß dem Autor für ein so schwieriges Werk bei so viel Unverständnis seitens Publikum und Kritik am Ende Mut und Kraft fehlten.

In dieser Verfassung kam ich bei Madame Dutour an. Sie saß vor ihrer Ladentür und wartete ungeduldig auf mich, denn ihr Mittagessen war fertig.

Ich bemerkte sie von weitem, wie sie mich in der Kutsche betrachtete, nicht wie Marianne, sondern wie eine Person, die ihr so ähnlich sah, daß sie ganz überrascht darüber war; und als meine Kutsche bereits vor ihrer Tür hielt, war sie immer noch nicht bereit zu glauben, daß ich es war (ihrer Meinung nach durfte ich nur zu Fuß kommen).

Schließlich mußte sie mich doch erkennen. »Ach, Marianne! oho! Sie sind es!« rief sie. »He, wieso in einer Kutsche? Kommen Sie von so weit her?« »Nein, Madame«, entgegnete ich, »ich bin gefallen und habe mich verletzt, ich konnte nicht laufen; ich erzähle Ihnen von meinem Unfall, wenn ich im Haus bin. Seien Sie jetzt bitte so freundlich und helfen Sie mir mit dem Kutscher zusammen beim Aussteigen.«

Während ich sprach, öffnete der Kutscher den Wagenschlag. »Auf, auf! Kommen Sie!« sagte er zu mir; »machen Sie sich keine Gedanken, Mademoiselle; zum Teufel, ich hebe Sie auch allein heraus. Ein so schönes Kind wie Sie, was wiegt das schon? Das ist ein reines Vergnügen. Kommen Sie, kommen Sie, lassen Sie sich einfach fallen; ich könnte Sie weiter tragen, als Sie mit Ihren Füßen laufen können.«

Und schon nahm er mich in die Arme und trug mich wie eine Feder in den Laden, wo ich mich sofort setzte.

Ich muß Ihnen noch erzählen, daß ich, während der Kutscher mich trug, meinen Blick in die Richtung auf der

Straße wandte, aus der ich kam, und dreißig, vierzig Schritte entfernt einen von Valvilles Leuten stehen sah, der ganz so aussah, als wäre er mir hinterher gelaufen: offensichtlich war das aufgrund dessen, was er dem Diener gesagt hatte, als ich sah, wie er ihm etwas ins Ohr flüsterte.

Der Anblick des auf der Lauer stehenden Dieners weckte wieder alle meine Empfindungen über mein Abenteuer und ließ mich erneut erröten; das war noch ein Zeuge mehr für meinen geringen Stand; dieser Bursche, obwohl er mich nur bei Valville gesehen hatte, hätte sich bestimmt nicht vorgestellt, dessen bin ich sicher, daß ich durch einen Laden in meine Wohnung gehen mußte. Genügte diese Überlegung nicht, um sich zu ärgern, daß er dastand? Zwar war es nur ein Diener, aber wenn man stolz ist, möchte man bei niemandem an Ansehen verlieren, für den Hochmut gibt es kein kleines Übel, keine Lappalie, nichts ist ihm gleichgültig; dieser Diener verletzte mich also; außerdem stand er nur auf Valvilles Anweisung dort, darin bestand kein Zweifel. »Das war wohl der Mühe wert, daß mein Herr mit dem kleinen Mädchen da so viele Umstände gemacht hat«, mochte er sich nach dem, was er gesehen hatte, gedacht haben. Denn diese Art Leute spotten besonders gern; indem sie verachten, was sie nur aus Irrtum geachtet hatten, halten sie sich für ihren niederen Stand schadlos, und ich fürchtete, daß der Mann in seinem Bericht an Valville einige beleidigende Wendungen einfließen lassen würde, daß er sich auf Kosten meiner Unterkunft ein bißchen ergötzen und die Empfindsamkeit seines Herrn vollends entmutigen würde. Ich hatte in seinen Augen bereits allzu sehr an Wert verloren. Er wagte bereits nicht mehr so viel Aufhebens von der Ehre zu machen, mir zu gefallen; und mit dem Vergnügen an der Liebe ist es vorbei, wenn uns die Eitelkeit verläßt, sie erwecken zu wollen; und Valville war fast in diesem Zustand.

Sie sehen also den Schaden, den mir die geringste spöttische Bemerkung über mich gebracht hätte; denn man glaubt gar nicht, welche Macht manche Lappalien über uns haben, wenn sie erst einmal ausgesprochen sind, und eine Abneigung Valvilles gegen mich aus einem solchen Grund hätte mich, um die Wahrheit zu sagen, mehr betrübt als die Gewißheit, ihn nicht wiederzusehen.

Kaum hatte ich mich gesetzt, zog ich Geld hervor, um den Kutscher zu bezahlen; doch Madame Dutour, als erfahrene Frau, hielt es für ihre Pflicht sich einzumischen, denn sie fand mich zu jung, um mir diese Kleinigkeit zu überlassen. »Das mache ich«, sagte sie, »ich bezahle ihn; wo hat er Sie einsteigen lassen?« »Bei der Pfarrkirche«, antwortete ich. »Na, das ist ja gleich um die Ecke«, bemerkte sie und zählte etwas Kleingeld ab. »Hier, mein Sohn, das steht Ihnen zu.«

»Das steht mir zu! das!« schrie der Kutscher und gab ihr verächtlich das Kleingeld zurück; »nichts da, sowas wird nicht mit der Elle gemessen.« »Was meint der Mann mit seiner Elle?« fragte Madame Dutour streng. »Sie sollten zufrieden sein, schließlich weiß ich auch, was das ist, eine Kutsche, es ist heute nicht das erste Mal, daß ich eine bezahle.«

»Und wenn es morgen wäre«, sagte der Kutscher, »was ändert das? Geben Sie mir meinen Lohn und hören wir mit dem Geschrei auf. Was geht die das überhaupt an! Hab ich Sie vielleicht in meiner Kutsche gefahren? Verlange ich etwas von Ihnen? Dieses Teufelsweib mit ihren zwölf Sous! Sie feilscht, als ging's um ein Bündel Kräuter.«

Madame Dutour hielt auf sich, sie war adrett gekleidet und, was noch wichtiger ist, ziemlich hübsch, was ihr noch eine weitere Art von Stolz gab.

Die Frauen eines bestimmten Standes glauben, mit einem hübschen Gesicht mehr Würde zu haben; sie betrachten diesen Vorteil als einen Rang. Die Eitelkeit hilft sich mit allem und ersetzt, was ihr fehlt, mit dem, was sie findet. Madame Dutour also fühlte sich von der Rede des schlechten Rhetorikers beleidigt (ich berichte Ihnen das zu Ihrem Vergnügen), das Bündel Kräuter hatte einen schlechten Klang in ihren Ohren. Wie konnte jemandem, der sie sah, eine solche Sprache in den Mund kommen? Gab es etwas in ihrem Benehmen, was an so etwas denken ließ? »Wirklich, mein Freund, man muß schon sagen, Sie sind reichlich unverschämt, ich habe es nicht nötig, mir Ihr dummes Geschwätz anzuhören!« sagte sie. »Auf, verschwinden Sie hier. Da ist Ihr Geld; nehmen Sie's oder lassen Sie's bleiben. Was soll das überhaupt? Wenn ich einen Nachbarn rufe, bringt der Ihnen bei, wie man höflicher als Sie mit Bürgerinnen spricht.«

»He, was erzählt die Quatschliese da?« entgegnete der Mann als echter Kutscher. »Hui, seht sie euch an! Sie trägt ihr Sonntagstuch. Da muß man wohl große Umstände machen, um mit Madame zu reden? Dabei redet man nur mit Perrette. He, verdammt, geben Sie mir mein Geld. Auch wenn Sie noch hundertmal mehr eine Bürgerin sind, was geht mich das an? Meine Pferde wollen trotzdem leben. Was würden Sie essen, ja Sie, wenn man Ihnen nicht Ihr Leinenzeug bezahlen würde? Hätten Sie dann ein so feistes Gesicht? Pfui Teufel! wie kann man nur so geizig sein!«

Schlechte Beispiele verderben die guten Sitten. Madame Dutour, die sich bis jetzt innerhalb der Grenzen eines recht würdigen Anstandes gehalten hatte, konnte dieser letzten Gemeinheit des Kutschers nicht widerstehen: sie gab ihre Rolle als achtbare Frau auf, die ihr nichts einbrachte, ließ ihren Gefühlen freien Lauf und stritt wieder auf die gewohnte Weise, das heißt mit den Wendungen einer kleinen Händlerin und Klatschbase, und da gab sie ihr Bestes.

Wenn die Eigenliebe von Leuten wie Madame Dutour nur zur Hälfte gekränkt ist, kann sie noch auf ihren Stolz bedacht sein, sich noch beherrschen, sich wichtig machen und einigermaßen Anstand bewahren; aber sobald sie zum

Äußersten getrieben wird, gibt sie sich mit solchen Lächerlichkeiten nicht mehr ab, sie ist nicht mehr stolz genug, auf sich zu achten; nur das Vergnügen, äußerst gewöhnlich zu sein, sich voll und ganz zu blamieren, kann sie noch befriedigen.

Diesem Vergnügen gab sich Madame Dutour jetzt ohne die geringsten Hemmungen hin. »Wart nur, wart, du Saufbruder du, mit deinem Sonntagstuch, du wirst gleich deine Perrette sehen, ich zeige sie dir, deine Perrette«, schrie sie und rannte nach ihrer Elle, die neben dem Ladentisch hing.

Und nachdem sie sich bewaffnet hatte: »Auf, weg hier«, schrie sie, »oder ich nehme Maß an dir, wie an einem Stück Leinen, wenn schon von Leinen die Rede ist.« »Verdammt, schlagen Sie mich nicht«, entgegnete ihr der Kutscher und hielt ihren Arm fest, »wagen Sie das nicht! ich halte mich nicht zurück, das ist kein Spaß! Ich bin ein Kerl, der keine Prügel mag, verstehen Sie, oder die Pest soll mich holen! Ich verlange von Ihnen nur, was mir zusteht, hören Sie? das ist mein gutes Recht.«

Ihr Geschrei lockte die Leute an, sie blieben vor dem Laden stehen. »Läßt du mich endlich los?" rief Madame Dutour, die immer noch ihre Elle gegen den Kutscher verteidigte. »Stehen Sie doch auf, Marianne; rufen Sie Monsieur Ricard. Monsieur Ricard!«, schrie sie sofort selbst. Das war der Hauswirt, der im zweiten Stock wohnte, aber nicht da war. Sie konnte es sich denken. »Messieurs«, rief sie und wandte sich an die Menge vor der Ladentür, »ich nehme Sie alle als Zeugen; Sie sehen, was hier vorgeht, er hat mich geschlagen (was nicht stimmte); ich bin mißhandelt worden. Eine ehrenwerte Frau wie ich! Schnell, schnell, laufen Sie zum Kommissar; er kennt mich gut, ich beliefere ihn. Man braucht ihm nur zu sagen, es sei bei Madame Dutour. Laufen Sie, Madame Cathos, laufen Sie, meine Liebe«, rief sie einer Magd aus der Nachbarschaft zu; all das mit einer Haube, die vom Rütteln des Kutschers an ihrem Arm völlig verrutscht war.

Sie konnte schreien so laut sie wollte, niemand rührte sich, weder die Herren, noch Cathos ...

Keiner der Zuschauer hätte gern darauf verzichtet, den Fortgang eines so vielversprechenden Streites zu sehen. Jeden Augenblick streifte man die Katastrophe. Madame Dutour hätte es nur gelingen brauchen, den Kutscher mit der Elle zu schlagen, die sie noch immer in der Hand hielt, und Sie können sich vorstellen, was bei einem Kutscher passiert wäre!

Ich selbst war verzweifelt und schrie unaufhörlich Madame Dutour zu: »Hören Sie auf!« Der Kutscher brüllte sich heiser mit seiner Versicherung, man wolle ihm nicht seinen Lohn zahlen, man wolle die Fahrt umsonst haben, Beweis dafür die zwölf Sous, die nie ohne ihr schmückendes Beiwort erwähnt wurden, und die wenig höfliche Form eines solchen Beiwortes bei einem Kutscher läßt sich unschwer erraten.

Allein die Rücksicht auf die guten Sitten hätte Madame Dutour veranlassen sollen, sich mit dem Kerl zu einigen; es war unrecht von ihr, seine kräftigen Ausdrücke zu unterstützen; aber sie schluckte das Anstößige daran herunter zu Gunsten ihres wütenden Eifers zu antworten; sie war viel zu empört, um empfindliche Ohren zu haben.

»Ja, du Grobian, ja, zwölf Sous, mehr bekommst du nicht«, rief sie. »Und ich, ich nehme sie nicht, die verdammten zwölf Sous!« antwortete der Kutscher. »Dabei bist du sie nicht einmal wert«, schrie sie weiter. »Schämst du dich nicht, du Gauner? Wie, nur von der Pfarrkirche bis hierher? Selbst wenn deine Kutsche eine Staatskarosse wäre, hol's der Teufel, du bekämst keinen halben Sou mehr. Eher will ich dich tot umfallen sehen, das wäre kein großer Schaden. Und denk daran, heute ist Sankt Matthäus: an Festtagen treibt der Teufel sein Spiel, vergiß das nicht! Morgen wirst du schon sehen, das sage ich dir, auch wenn ich keine Quatschliese bin, sondern schlicht und einfach Madame Dutour, Madame für dich, Madame für alle andern, Madame solange ich lebe, hast du mich verstanden?«

Während sie so schrie, versuchte sie die Elle aus den Händen des Kutschers zu reißen, der, nach seiner Miene und der Bewegung zu urteilen, die ich ihn machen sah, mir drauf und dran schien, Madame Dutour wie einen Mann zu behandeln. Ich glaube, es wäre um die arme Frau geschehen gewesen: eine gegen sie erhobene zornige Faust hätte sie gelehrt, nicht mit der Gutmütigkeit eines Kutschers zu spaßen, wenn ich nicht eilends etwa zwanzig Sous hervorgezogen und sie dem Mann gegeben hätte.

Er nahm sie sofort, riß Madame Dutour die Elle aus den Händen, warf sie hinter den Ladentisch, drückte sich den Hut ins Gesicht, während er zu mir sagte: »Heißen Dank, schönes Kind«, drehte sich um und durchquerte die Menge, die ihm Platz machte, ebenso um ihn gehen zu lassen wie um Madame Dutour den Weg zu öffnen, die hinter ihm herlaufen wollte, doch die ich daran hinderte, weshalb sie mir sagte, ich sei weiß Gott ein dummes Ding. »Diese zwanzig Sous, Marianne, die werde ich Ihnen nie verzeihen, weder im Leben noch im Tod. Halten Sie mich nicht zurück, sonst prügle ich Sie. Sie sind wirklich lustig mit Ihren zwanzig Sous, dabei ist es doch Ihr Geld, was ich spare. Und meine zwölf Sous, bitteschön, wer gibt mir die zurück? (Denn das eigene Interesse ließ sich bei Madame Dutour durch nichts betäuben.) Nimmt er die auch noch mit, Mademoiselle? Warum haben Sie ihm nicht gleich den ganzen Laden geschenkt?«

»Aber Madame«, entgegnete ich, »Ihr Geld liegt auf dem Boden, und wenn wir es nicht finden, ersetze ich es Ihnen.« Indessen schloß ich die Tür mit der einen Hand, während ich mit der anderen Madame Dutour festhielt.

»Ein schöner Tumult«, sagte sie, als sie sah, daß die Tür geschlossen war. »Wie stehen wir da? Ach, da liegt ja das Geld auf dem Boden«, fügte sie hinzu und sammelte es so gelassen auf, als wäre überhaupt nichts geschehen. »Der Halunke kann von Glück reden, daß Toinon nicht da war, die hätte Sie schön daran gehindert, das Geld zum Fenster hinauszuwerfen, aber gerade jetzt muß die dumme Trine bei ihrer Mutter zu Mittag essen. Du lieber Himmel! die geht sparsamer mit Geld um. Aber sie hat auch nur ihren Verdienst, und die andern das, was man ihnen schenkt. Während Sie, Marianne, Sie sind, Gott sei's gedankt, sehr reich, Sie haben einen guten Schatzmeister! Hoffen wir, daß es so bleibt!«

»Hören Sie, Madame«, antwortete ich ihr ungeduldig, »darüber wollen wir nicht scherzen, bitte. Ich weiß sehr wohl, daß ich arm bin, aber das ist kein Grund, mich deshalb zu verspotten, ebensowenig wie wegen der Unterstützung, die man mir freundlicherweise gewährte, aber lieber verzichte ich darauf, lieber habe ich gar nichts und gehe von Ihnen weg, als daß ich mich hier solchen unfreundlichen Gesprächen aussetze.« »Aber, aber«, sagte sie, »wie kommen Sie denn darauf, ich Sie verspotten, nur weil ich sage, daß man Ihnen etwas schenkt? Bei Gott! ja, man schenkt Ihnen etwas, und Sie nehmen es, wie's recht und billig ist. Geschenkt ist geschenkt; und wenn man mir etwas schenken will, nehme ich's auch, da ist nichts Schlimmes dran, und ich bitte Gott, daß mir das passiert. Bekomme ich nichts geschenkt, kann ich nichts nehmen, und das ist schade. Also, wieso wird sie nur wütend! Vorwärts, wir wollen endlich essen, das sollte längst geschehen sein. Wir müssen gleich in die Vesper.« Und schon setzte sie sich zu Tisch. Ich erhob mich, um es ebenfalls zu tun, wobei ich mich auf die Elle stützte, die Madame Dutour wieder auf den Ladentisch gelegt hatte, und die ich nur allzu nötig brauchte.

Nachdem Marianne das Liebeswerben ihres Gönners zurückgewiesen hat und es zu einer heftigen Szene zwischen ihnen gekommen ist, eilt sie verzweifelt zu dem einzigen Menschen, zu dem sie in der fremden Stadt Vertrauen hat, jenem Mönch, der sich nach dem Tod ihrer Ziehmutter um sie gekümmert und ihr Monsieur de Climals Hilfe vermittelt hatte. Doch Monsieur de Climal ist ihr zuvorgekommen und hat sich bei dem Pater über Mariannes angeblich undankbares Verhalten beschwert.

Als eine »reine Komödienszene« hatte ein Kritiker den folgenden Text bezeichnet. Gewiß ist die beredte Verzweiflung des schlichten Mönches nicht ohne Komik. Doch sollten wir in seinem Gespräch mit Marianne nicht eher die meisterhafte Darstellung der Mechanismen eines Verdrängungsprozesses sehen? Er erfährt durch das junge Mädchen, daß der fromme, ehrbare Monsieur de Climal unter dem Mantel christlicher Nächstenliebe schamlos ihre Jugend und Unerfahrenheit ausnutzen wollte. Das ist für ihn eine Eröffnung, die unannehmbar ist. Die Wahrheit dieser Mitteilung brächte sein gesamtes moralisches Ordnungssystem ins Wanken. Außerdem ist er auf die Unterstützung des wohltätigen Mannes angewiesen, und »unser Denken steht im Solde des Vorteils«. Er will das Gespräch also abbrechen. Als Marianne insistiert, versucht er ihr einzureden, sie sehe die Dinge falsch. Immer mehr wird Marianne für ihn zur Verkörperung einer Gefahr, des Aufruhrs, der Anarchie. Er verliert den Boden unter den Füßen. In dem Augenblick, da er sich der Überzeugungskraft der Beweise jedoch nicht mehr entziehen kann, wechselt sein psychischer Selbsterhaltungstrieb die Methode: nach dem kurzen Aufflackern einer Erkenntnis fleht er Marianne an zu vergessen, zu schweigen, zu glauben, sie habe sich getäuscht. Und der furchtbare Trost des einfältigen Vertreters der Kirche: diese Geisteshaltung, diese »Unschuld des Denkens« sei Gott wohlgefällig und bringe seinen Segen ein. Er schützt seine Arbeit vor, um dem schrecklichen Angriff auf sein Bild christlicher Religiosität zu entfliehen, und Marianne bleibt ebenso hilflos zurück, wie sie gekommen ist.

Endlich bin ich am Ziel, so niedergeschlagen, daß ich es nicht ausdrücken kann; ich frage nach dem Mönch und werde zu einem Raum gewiesen, in dem er sich, wie es heißt, mit einer anderen Person aufhalten würde; und diese Person, Madame, bewundern Sie diesen Streich des Zufalls, ist Monsieur de Climal, der abwechselnd rot und blaß wird bei meinem Anblick und auf den ich so wenig meine Blicke richte, als hätte ich ihn nie gesehen.

»Ah, Sie sind es, Mademoiselle«, sagte der Mönch. »Treten Sie näher, es ist mir lieb, daß Sie jetzt kommen; wir sprechen gerade von Ihnen; setzen Sie sich dorthin.«

»Nein, Pater«, sagte Monsieur de Climal sofort und verabschiedete sich von dem Mönch, »erlauben Sie, daß ich gehe. Nach all dem, was sich ereignet hat, wäre es unschicklich zu bleiben: natürlich bin ich nicht böse auf Mademoiselle, der Himmel bewahre mich; ich verzeihe ihr aus vollem Herzen, und weit davon entfernt, ihr das nachzutragen, was sie von mir gedacht hat, schwöre ich Ihnen, Pater, daß ich ihr mehr Gutes wünsche denn je und Gott für die Demütigung danke, die ich bei der Ausübung meiner Barmherzigkeit gegen sie erlitt: aber ich glaube, daß die Klugheit, ja sogar meine Religion mir nicht mehr erlauben, sie zu sehen.«

Und nach diesen Worten grüßte mein guter Mann den Geistlichen und, was schlimmer war, auch mich mit fromm gesenkten Augen, während ich meinerseits den Kopf senkte. Er wollte sich gerade zurückziehen, als der Mönch ihn am Arm festhielt und sagte: »Nein, mein lieber Monsieur, nein, gehen Sie nicht, ich beschwöre Sie, hören Sie mich an. Ja, Ihre Einstellung ist sehr lobenswert, sehr lehrreich; Sie verzeihen ihr, wünschen ihr Gutes, das ist wunderbar; aber bedenken Sie, daß Sie ihr nicht mehr weiterhelfen wollen, daß Sie sich von ihr zurückziehen, trotz des Umstandes, daß sie auf Ihre Hilfe angewiesen ist und ihre Beleidigung diese Hilfe so verdienstvoll machen würde, trotz der barmherzigen Gefühle, die Sie noch für sie zu empfinden glauben und die Sie doch nicht in die Tat umsetzen wollen: geben Sie acht, hüten Sie sich, daß sie nicht erlöschen. Sie danken Gott, sagen Sie, für die kleine Demütigung, die er Ihnen gesandt hat; nun wohl, wollen Sie sie verdienen, diese Demütigung, die tatsächlich eine Gunst ist? Wollen Sie ihrer wirklich würdig sein? dann verdoppeln Sie ihre Aufmerksamkeiten für die arme Waise, die ihre Verfehlung bekennen wird, die außerdem jung ist, ohne Erfahrung, der man vielleicht gesagt hat, sie habe einige Reize, und sich aus Eitelkeit, aus Schüchternheit, vielleicht sogar aus Tugend Ihnen gegenüber getäuscht haben kann. Ist es nicht so, mein Kind? Fühlen Sie nicht Ihr Unrecht Monsieur gegenüber, dem Sie so viel verdanken und der, weit davon entfernt, Sie anders als gottgefällig zu betrachten, durch die Ihnen bewiesene untadelige Zuneigung, durch seine sanften, frommen Ermutigungen Sie nur veranlassen wollte, all das zu fliehen, was Sie auf den falschen Weg führen könnte? Gott sei tausendmal gesegnet, daß er Sie heute hierher geführt hat! Er bringt sie zu Ihnen zurück, mein lieber Monsieur, Sie sehen es. Auf, mein Kind, gestehen Sie Ihre Verfehlung; bereuen Sie sie in der Fülle Ihres Herzens und versprechen Sie, sie durch Achtung, Vertrauen und Dankbarkeit wiedergutzumachen; kommen Sie näher«, fügte er hinzu, da ich mich von Monsieur de Climal entfernt hielt.

»Aber Monsieur!« rief ich als Antwort und wandte mich zu dem Scheinheiligen, »bin ich es etwa, die Unrecht hat? wie können Sie mich das anhören lassen? Ach, Gott weiß alles; möge er uns Gerechtigkeit widerfahren lassen. Ich habe mich nicht täuschen können, das wissen auch Sie sehr genau.« Und bei diesen Worten brach ich in Tränen aus.

Auch wenn Monsieur de Climal ein ausgekochter Tartüff war, das konnte er nicht ertragen. Ich sah, wie seine Verwirrung sich in seinem Gesicht widerspiegelte, er konnte sie nicht verheimlichen; und da er befürchtete, der Mönch könne sie bemerken und Verdacht gegen ihn schöpfen, entschloß er sich als geschickter Mann dazu, ganz natürlich verwirrt zu erscheinen und es zuzugeben.

»Das bringt mich aus der Fassung«, sagte er mit züchtiger Verlegenheit, »ich weiß nicht, was ich darauf antworten soll; eine solche Beschimpfung! Oh, Pater, helfen Sie mir, diese Prüfung zu ertragen; es wird sich weiter verbreiten, das arme Kind wird es überall erzählen, sie wird mich nicht schonen. Ach, mein Kind, Sie sind sehr ungerecht; doch es ist Gottes Wille. Adieu, Pater, sprechen Sie mit ihr, versuchen Sie, ihr diese Vorstellung zu nehmen, wenn es möglich ist; ich habe ihr zwar eine gewisse Zärtlichkeit entgegengebracht, aber sie hat sie nicht verstanden: ihre Seele liebte ich und liebe sie auch immer noch, sie verdient es. Ja, Pater, Mademoiselle hat Tugenden, ich habe tausend Vorzüge in ihr entdeckt. Ich vertraue sie Ihnen an, da es mir nicht möglich ist, mich in ihre Belange zu mischen.«

Nach diesen Worten zog er sich zurück, und diesmal grüßte er nur den Mönch, der, als er den Gruß erwiderte, ungewiß zu sein schien, was er machen solle. Er folgte ihm mit dem Blick bis zum Ausgang, wandte sich dann zu mir und sagte fast mit Tränen in den Augen: »Sie bereiten mir Kummer, mein Kind, ich bin mit Ihnen unzufrieden; Sie sind weder fügsam noch dankbar; Sie glauben nur Ihrem Köpfchen, und jetzt sehen wir die Folgen. Ach, der ehrenwerte Mann! welch ein Verlust für Sie! Worum wollen Sie mich jetzt bitten? Es ist nutzlos, daß Sie sich weiter an mich wenden, völlig nutzlos: welche Hilfe erwarten Sie sich von mir? Ich habe getan, was ich konnte; wenn Sie daraus keinen Nutzen gezogen haben, ist das nicht mein Fehler, noch der dieses edlen Mannes, den ich für Sie gefunden habe und der Sie wie seine eigene Tochter behandelt hat, denn er hat mir alles erzählt: Kleider, Wäsche, Geld, mit allem hat er Sie versehen, hat Ihnen ein monatliches Kostgeld gezahlt, wollte es Ihnen auch weiterzahlen, und hatte sogar die Absicht, Ihnen ein eigenes Heim einzurichten, wie er mir versicherte. Und nur weil er es nicht billigt, daß Sie seinen Neffen sehen, einen leichtsinnigen, vergnügungssüchtigen jungen Mann, weil er Sie vor einer Bekanntschaft schützen will, die für Sie höchst gefährlich ist, aber die Sie gern erhalten wollen, bilden Sie sich trotzig ein, daß ein so frommer und tugendhafter Mann Sie liebe und eifersüchtig sei: ist das nicht merkwürdig, ja ganz schrecklich? Er und eifersüchtig! und Sie lieben! Gott wird Sie für diesen Gedanken strafen, mein Kind; Sie haben ihn aus Ihrem arglistigen Herzen geholt, und Gott wird Sie dafür strafen, sage ich Ihnen.«

Ich weinte, während er sprach. »Hören Sie mich an, Pater«, entgegnete ich ihm schluchzend; »um des Himmels willen, hören Sie mich an.«

»Nun, was wollen Sie mir denn sagen?«, entgegnete er. »Was hatten Sie mit dem jungen Mann zu schaffen? warum bestehen Sie darauf, ihn zu sehen? Was für ein Benehmen! Dennoch, diese Verrücktheit mag noch angehen; aber die Verärgerung und die Gehässigkeit so weit zu treiben, daß Sie undankbar und böse gegen einen so achtenswerten Mann sind, dem Sie so viel verdanken: was soll bei solchen Untugenden aus Ihnen werden? Was ist das für ein unseliger Geist! Ja, wirklich, Ihr Vorgehen entrüstet mich. Betrachten Sie sich, wie anständig Sie gekleidet sind; wer würde sagen, Sie hätten keine Eltern? und wenn Sie welche hätten, und sie wären reich, wären Sie dann besser ausgestattet, als Sie es jetzt sind? Vielleicht nicht einmal so gut, und all das kommt offensichtlich von ihm. Gott im

Himmel, wie ich Sie beklage! er hat Ihnen nichts erspart...«

»Ach, Sie haben recht«, rief ich noch einmal, »aber verdammen Sie mich nicht, ohne mich anzuhören. Ich kenne seinen Neffen gar nicht, ich habe ihn nur einmal durch Zufall gesehen und will ihn nicht wiedersehen, ich denke gar nicht an ihn; welche Bindung hätte ich zu ihm? Ich bin doch nicht töricht, und Monsieur de Climal täuscht Sie, das ist nicht der Grund, weshalb ich mit ihm breche, Sie irren sich. Sie sprechen von meinen Kleidern, sie sind nur allzu schön; ich war sehr überrascht darüber, und auch Sie staunten; hier, Pater, kommen Sie, betrachten Sie die Feinheit dieser Wäsche; ich wollte sie gar nicht so fein haben; es kostete mich Überwindung, sie anzunehmen, vor allem wegen seines vorherigen Verhaltens mir gegenüber; aber wenn ich ihm auch sagte: ich will sie nicht, er machte sich über mich lustig und antwortete stets: ›Betrachten Sie sich im Spiegel und sagen Sie mir dann, ob die Wäsche zu schön für Sie ist.‹ Was hätten Sie an meiner Stelle von diesen Worten gehalten, Pater? Sagen Sie die Wahrheit: wenn Monsieur de Climal so fromm, so tugendhaft ist, warum muß er dann auf mein Gesicht achten? ob es hübsch oder häßlich ist, was geht es ihn an? Wieso hat er mich auch scherzend in seiner Kutsche kleine Schelmin genannt und mir ins Ohr geflüstert, ich solle ein umgängliches Herz haben, er würde mir zum Ansporn sein eigenes überlassen? Was bedeutet das? Wenn man nur gottesfürchtig ist, spricht man dann vom Herzen eines jungen Mädchens und überläßt ihm sein eigenes? Gibt man ihm einen Kuß, so wie er es in der Karosse versucht hat?«

»Ein Kuß, mein Kind, ein Kuß«, rief der Mönch, »woran denken Sie! aber, aber! wissen Sie nicht, daß man so etwas nie sagen darf, weil es nicht stimmt? Wer wird Ihnen glauben? Bah, mein Kind, Sie täuschen sich, da gibt es nichts, das ist nicht möglich; ein Kuß! welche Vorstellung! der arme Mann! Nur weil man in einer Kutsche geschüttelt wird, und ein Rucken wird seinen Kopf auf Ihren gestoßen haben; mehr kann nicht sein, und was Sie in Ihrem Zorn auf ihn für einen Kuß genommen haben: wenn man jemanden haßt, sieht man alles falsch, was ihn betrifft.«

»Aber, Pater, weswegen sollte ich ihn zu dieser Zeit gehaßt haben?« entgegnete ich. »Ich hatte seinen Neffen noch gar nicht gesehen, der, wie er behauptet, der Anlaß meines Ärgers gegen ihn sei; und außerdem, wenn ich mich über den Kuß getäuscht hätte, den Sie mir nicht glauben, dann hätte Monsieur de Climal anschließend meinen Eindruck nicht bestätigen können, er hätte bei Madame Dutour nicht wieder damit angefangen, hätte mein Haar nicht durch seine Finger gleiten lassen, es so gerühmt in meinem Zimmer, in dem er ständig meine Hand hielt, die er in jedem Augenblick an seine Lippen führte, während er mir Komplimente machte, die mich zutiefst beschämten.«

»Aber ... aber was erzählen Sie da, Mademoiselle? Sachte, ganz sachte«, sagte er mehr überrascht als ungläubig: »Haar, das er berührte, das er rühmte? Monsieur de Climal? Ich verstehe überhaupt nichts; was hat er sich dabei gedacht? Es ist richtig, er hätte diese Dinge unterlassen können; das sind Gedankenlosigkeiten, die sich nicht gehören, ich gebe es zu; das Haar eines jungen Mädchens berührt man nicht: er wußte nicht, was er tat; aber gleichviel: diese Geste besagt nichts.«

»Und meine Hand, die er an seine Lippen führte«, entgegnete ich, »ist das auch eine Gedankenlosigkeit?«

»Oh, Ihre Hand«, bemerkte er, »Ihre Hand, ich weiß nicht, was das heißt: tausende von Leuten ergreifen unsere Hand, wenn sie mit uns reden, vielleicht hat er auch diese Angewohnheit; ich bin sicher, mir selbst, mir ist es auch schon tausendmal passiert, daß ich es ebenso gemacht habe.«

»Richtig, Pater«, entgegnete ich, »aber wenn Sie die Hand eines jungen Mädchens ergreifen, dann küssen Sie sie nicht wer weiß wie oft; Sie sagen ihr nicht, daß sie hübsch sei, Sie lassen sich nicht vor ihr auf die Knie fallen und reden dabei von Liebe.«

»Herr des Himmels!« rief er, »o mein Gott! Sie kleine Schlange, schweigen Sie. Was Sie da sagen, ist entsetzlich, das gibt Ihnen der Teufel ein, ja der Teufel. Weichen Sie von hier, gehen Sie, ich höre Sie nicht mehr an; ich glaube Ihnen nichts mehr, weder das Haar noch die Hand, noch die Worte: alles Unwahrheiten! lassen Sie mich in Ruhe. Oh, diese kleine gefährliche Kreatur! sie jagt mir Entsetzen ein, da seht ihr es! Zu behaupten, daß Monsieur de Climal, der ein so bußfertiges Leben führt, ganz in Gott lebt, daß er vor ihr auf die Knie gefallen sei, um von Liebe zu sprechen! O Herr! wie weit sind wir gekommen!«

Und während er das sagte, rang er die Hände als ein Mensch, den meine Worte in Schrecken versetzt hatten und der einen solchen Gedanken so weit er konnte zurückwies aus Furcht vor der Versuchung, die Sache zu prüfen.

»Aber Pater«, entgegnete ich ihm in Tränen aufgelöst und verzweifelt über seine Beschuldigungen, »Sie behandeln mich sehr schlecht, und es ist sehr traurig für mich, nur Beleidigungen zu hören, wo ich Trost und Hilfe gesucht habe. Sie haben die Frau gekannt, die mich erzogen und nach Paris gebracht hat; Sie haben mir selbst gesagt, Sie hätten sie sehr geschätzt, ihre Tugend hätte Sie erbaut. Ihnen hat sie vor ihrem Tod die Beichte abgelegt; bestimmt hat sie nicht gegen ihr Gewissen gesprochen, und Sie wissen, was sie Ihnen von mir erzählt hat; Sie können sich noch daran erinnern, es ist gar nicht so lange her, daß Gott sie mir genommen hat, und ich glaube nicht, daß ich seit ihrem Tod etwas getan habe, was Ihnen eine so schlechte Meinung von mir einflößen könnte, wie Sie sie jetzt haben: im Gegenteil, meine Unschuld und meine geringen Erfahrungen haben Ihre Anteilnahme geweckt; und doch soll ich jetzt plötzlich verachtenswert geworden sein, schändlich, das würdeloseste, schrecklichste Mädchen der Welt! Trotz meines Schmerzes und meiner Not glauben Sie, daß ein Mann, mit dem ich nur eine Stunde durch Zufall beisammen war und den ich niemals wiedersehen werde, mich so leidenschaftlich und so verliebt in ihn gemacht hätte, daß ich allen gesunden Menschenverstand und jegliches Gewissen verloren hätte und die Verfrorenheit und sogar die Einbildungskraft besäße, Dinge zu erfinden, die einen zittern lassen, ja daß ich schreckliche Verleumdungen erfände, gegen ihn ebenso wie gegen einen anderen Mann, der mir hilft zu leben, der mir so viel Gutes tun könnte und den mir zu erhalten ich alles Interesse hätte, wenn er nicht ein lüsterner Mensch wäre, der den Gottesfürchtigen spielt und mir alles nur schenkt, weil er insgeheim ein ehrloses Mädchen aus mir machen will!«

»Gerechter Himmel, wie sie sich hinreißen läßt! Was sagt sie da? Wer hat jemals so etwas gehört?« rief er und senkte den Kopf, doch ohne mich zu unterbrechen. Und ich fuhr fort.

»Ja, Pater, nur das versucht er: deshalb kleidet er mich so gut. Er mag Ihnen erzählen, was er will, nur darum geht unser Streit. Ich sollte einwilligen, meinen augenblicklichen Aufenthaltsort zu verlassen und in ein Haus zu ziehen, das er prächtig einrichten wollte. Dort beabsichtigte er mich bei einem seiner Leute in Pension zu geben, einem Rechtsgehilfen, dem er gesagt hatte, ich sei eine Verwandte von ihm aus der Provinz: da sehen Sie, welch schöne Frömmigkeit! ...«

»Hm? wie?« unterbrach mich der Mönch, »ein Rechtsgehilfe, sagen Sie? Ist er verheiratet?«

»Ja, Pater, das ist er«, entgegnete ich. »Ein Rechtsgehilfe, der nicht reich ist, bei dem ich tanzen gelernt hätte, singen und auf dem Cembalo spielen; bei dem ich eine Herrin gewesen wäre auf Grund der Achtung, die man mir hätte bezeugen sollen, und dessen Frau mich morgen dort, wo ich jetzt wohne, abgeholt hätte, und wenn ich ihr hätte folgen wollen und es nicht verschmäht hätte, ebenfalls bereits morgen kraft eines Vertrages wer weiß was für eine hohe Rente in Empfang zu nehmen, fünf- oder sechshundert Francs, nur als Anfang, glaube ich, wenn ich ihm nicht verständlich gemacht hätte, daß alle seine Angebote schrecklich sind, hätte er mir nicht die Louisdor vorgeworfen, die er mir geschenkt hat und die ich ihm zurückgeben werde, und auch nicht die Kleider, die ich mich schäme zu tragen und durch die ich keine Vorteile haben will, Gott behüte mich! Er wird Ihnen auch nichts von meiner Drohung sagen, Ihnen von seiner unsittlichen Liebe und seinen schlechten Absichten zu erzählen; er hatte die Stirn, mir zu antworten, selbst wenn Sie davon wüßten, würden Sie das als läppisch betrachten, als eine Bagatelle, die jeder erlebte, vielleicht eines Tages sogar auch Sie; und Sie würden es nicht wagen, etwas dagegen zu sagen, weil es keinen anständigen Mann gebe, der sich nicht verliebte und daran hindern könnte. Beurteilen Sie selbst, ob ich das erfunden habe, was ich Ihnen da erzähle, Pater.«

»Jesus Christus«, sagte er daraufhin tief bewegt; »ach, mein Herr und Heiland! welch ein furchtbarer Bericht! Was soll ich darüber denken, und was sind wir, himmlische Güte? Sie verführen mich, mein Kind: dieser Rechtsgehilfe beunruhigt mich, er macht mich stutzig, ich kann es nicht leugnen, denn ich kenne ihn, ich habe ihn mit ihm zusammen gesehen«, sagte er wie für sich, »und das junge Ding kann nicht erfunden haben, daß Monsieur de Climal sich seiner bedient hat und er verheiratet ist. Er hat ein unangenehmes Aussehen, nicht wahr?« fügte er hinzu.

»Da habe ich keine Ahnung, Pater«, sagte ich. »Monsieur de Climal hat nur von ihm gesprochen, und ich habe weder ihn noch seine Frau gesehen.« »Um so besser«, bemerkte er, »um so besser. Ja, ich verstehe sehr gut; Sie sollten nur zu ihnen gehen. Der Mann hat mir nie gefallen. Aber das ist sehr seltsam, mein Kind; wenn es wahr ist, was Sie sagen, wem kann man dann trauen?«

»Wenn es wahr ist, Pater! Aber warum sollte ich denn nur lügen? etwa wegen dieses Neffen? Dann soll man mich doch in ein Kloster stecken, damit ich ihn nie wieder sehe.«

»Sehr gut«, sagte daraufhin der Mönch, »sehr gut: das ist brav, besser kann man gar nicht reden.«

»Außerdem, Pater«, fügte ich hinzu, »können Sie die Händlerin fragen, bei der mich Monsieur de Climal untergebracht hat, was sie von ihm denkt und ob sie ihn nicht für einen Betrüger und Heuchler hält; fragen Sie seinen Neffen, ob er ihn nicht auf den Knien vor mir gesehen hat, wie er meine Hand hielt, die ich ihm nicht entziehen konnte, und sie küßte. Das hat den jungen Mann so schockiert, daß er mich jetzt als gefallenes Mädchen betrachtet; und schließlich, Pater, bedenken Sie Monsieur de Climals Verlegenheit, als ich hereinkam. Haben Sie nicht auf sein Gesicht geachtet?«

»Doch«, sagte der Mönch, »doch, er ist errötet: sie haben recht, und ich verstehe gar nichts mehr; wäre das denn möglich? Ich komme immer wieder auf diesen Rechtsgehilfen zurück, das ist ein schrecklicher Punkt; und seine Verwirrung, die mag ich auch nicht. Und was ist mit dem Vertrag? Er hat es sehr eilig! Und mit dieser Einrichtung und den Lehrern für Narreteien? Mit wem sollen Sie tanzen? Komische Nächstenliebe, die die Leute veranlaßt, auf den Ball zu gehen! Ein Mann wie Monsieur de Climal! Gott helfe uns! Man weiß nicht, was man dazu sagen soll: ach! die arme Menschheit, was ist sie allem ausgesetzt! Welch ein Elend, der Mensch! welch ein Elend! Denken Sie nicht mehr an all das, mein Kind; ich glaube, Sie täuschen mich nicht: nein, zu so viel Falschheit sind Sie nicht fähig; aber sprechen wir nicht mehr darüber. Seien Sie verschwiegen, die Barmherzigkeit verlangt es von Ihnen, hören Sie? Verraten Sie diesen seltsamen Vorfall niemals und niemandem; hüten wir uns, der Welt mit diesem Skandal ein Vergnügen zu bereiten, sie würde triumphieren und sich das Recht anmaßen, über die wahren Diener Gottes zu spotten. Versuchen Sie zu glauben, Sie hätten falsch gehört, falsch gesehen; das ist eine Geisteshaltung, eine Unschuld des Denkens, die Gott wohlgefällig ist und Ihnen seinen Segen einbringt. Auf, mein Kind, gehen Sie wieder, und machen Sie sich keinen Kummer (das sagte er mir, weil mein Schluchzen durch sein Mitgefühl noch heftiger wurde). Bleiben Sie weiter sittsam, und die Vorsehung wird für Sie Sorge tragen; ich habe zu tun und muß Sie jetzt verlassen.«

Spätwerke

Marivaux' Spätwerke enthalten neben mehreren Komödien vor allem Essays, von denen einige als Vorträge für die Académie française konzipiert wurden, deren Mitglied der Autor 1743 geworden war. In diesen Essays entwickelte er als Moralist und mit philosophischer Distanz seine Gedanken über die menschliche Natur, den Fortschritt des menschlichen Geistes, den Wert der Wissenschaften und ähnliche Themen. Er stellte Betrachtungen an über große Schriftsteller, und gewiß dachte er an die Rezeption seiner eigenen Werke, wenn er in den *Betrachtungen über den menschlichen Geist* schrieb:

»Und wofür lobt er sie (der Leser oder Zuschauer die Schriftsteller)? Nicht für die Erkenntnisse, die er durch sie gewinnt, denn diese dringen in ihn ein, ohne daß er sich dessen bewußt wird. Nein, er lobt sie für das große Vergnügen, das sie ihm bereiten, aber ist sicher, daß dieses Vergnügen den Autoren abträglich ist. Sie wirken deshalb unbedeutender. Es liegt wenig Würde darin zu gefallen: das ist zwar ein sehr liebenswertes Verdienst, aber im allgemeinen kein sehr geachtetes.«

Außerdem entwickelte Marivaux hier theoretisch das, was seine Komödienfiguren bereits auf der Bühne praktisch angewandt hatten: seine Vorstellung von der »Wissenschaft des menschlichen Herzens«. Ebenfalls in den *Betrachtungen über den menschlichen Geist* heißt es:

»Stellen wir uns eine Wissenschaft vor, die zum Glück alle Menschen unvermeidlich voneinander lernen: die Wissenschaft des menschlichen Herzens. Die unbedingte Notwendigkeit, sie zu beherrschen auf der einen Seite, und auf der anderen die unvermeidbare Fortdauer der Lektionen, die man von allen Seiten bekommt, bedeuten, daß sie für niemanden ein Rätsel bleiben kann. Tatsächlich, wie wäre es möglich, daß man sie nicht mehr oder weniger beherrschte? Aus Büchern lernt man sie nicht. Im Gegenteil, sie erklärt uns diese erst und versetzt uns in die Lage, Nutzen aus ihnen zu ziehen; man muß sie im voraus ein wenig beherrschen, um Bücher zu begreifen.

Diese Wissenschaft hat auch nicht ihre eigenen Lehrer ... Die Gesellschaft, ja sogar die ganze Menschheit leitet die einzige dafür geeignete Schule, eine stets offene Schule, in der jeder Mensch die andern Menschen studiert und seinerseits studiert wird, in der jeder Mensch Schüler und Lehrer zugleich ist.

Diese Wissenschaft beruht auf dem Umgang, den wir miteinander haben, alle, ohne Ausnahme ... Jeder Bürger der Welt muß notwendigerweise die Menschen kennen, nur unter dieser Bedingung kann er sich unter ihnen behaupten. Es geht dabei stets um sein Glück, stets um seinen Frieden, häufig um seine Ehre, manchmal um sein Leben; und manchmal geht es um den Frieden, die Ehre, das Glück und das Leben der andern.«

Marivaux' letztes Prosawerk *Der Spiegel* ist ein Rückblick auf die geistigen Größen der Vergangenheit und gleichzeitig der Ausdruck eines tiefen Fortschrittglaubens: »So wie man noch nicht alle Formen gefunden hat, zu denen die Materie fähig ist, so hat die menschliche Seele noch nicht alles gezeigt, was sie sein kann; noch sind nicht alle ihr möglichen Arten zu denken und zu fühlen erschöpft.«

Der folgende Text ist ein in sich abgeschlossener Essay aus Marivaux' Spätwerk.

Erziehung eines Prinzen

Den Essay *Erziehung eines Prinzen* hatte der Autor im Alter von 66 Jahren in der Wochenschrift *Mercure de France* veröffentlicht. Er wird eingeführt mit der auch in anderen Werken gebrauchten Fiktion, es handle sich dabei um alte Papiere, die durch einen Zufall gefunden worden seien, in diesem Fall von dem Erben eines Schlosses. Der Verfasser sei unbekannt.

Wahrscheinlich ist der Dialog zwischen dem Prinzenerzieher Theophil und dem Prinzen Theodosus durch die Geburt des späteren Ludwig XVI. angeregt worden, doch war das Ereignis für Marivaux kein Anlaß zur Entwicklung staatsphilosophischer Ideen, wie der Titel vermuten lassen könnte. Der Text ist von allgemeinerem und aktuellerem Interesse.

Als Moralist glaubte Marivaux nicht, daß der Mensch von Natur aus gut sei und nur die Gesellschaft ihn korrumpiert habe. Da die Menschen selbst diese Gesellschaft bilden, kann sie nur in ihrem Sinn funktionieren, wenn jeder einzelne die in ihm vorhandenen negativen Triebkräfte zähmen lernt und dank Einsicht und Vernunft seine moralischen Eigenschaften entwickelt.

Das Gespräch wird kurze Zeit vor dem Augenblick geführt, da der Prinz die volle Freiheit des eigenen Handelns gewinnt. Es ist Rückblick und Vorausschau zugleich. Rückblick auf die erhaltene Erziehung, Vorausschau auf den Gewinn, den der Zögling aus ihr ziehen wird. Und damit dieser Gewinn so groß sei wie möglich, ist es nötig, daß der Prinz sich seiner Gefühle, seiner selbst bewußt wird. Dazu drängt ihn der Erzieher durch die Nachdrücklichkeit seiner logischen Gedankenführung. Es hieße Marivaux gründlich mißverstehen, wenn man in diesem Dialog ein Plädoyer für eine autoritäre Erziehung sähe. Für ihn ist es eine selbstverständliche Voraussetzung, daß ein als Erzieher wirkender Mensch selbstbeherrscht ist und sich psychologisch klug verhält, daß ihm das Wohl des ihm anvertrauten jungen Menschen wichtiger ist als die Befriedigung des eigenen Selbstgefühls.

Ungewöhnlich an diesem Text ist neben der psychologischen Einsicht die Bestimmtheit, mit der Marivaux für die Gleichheit der Geburt eintritt und fordert, daß diese Gleichheit nicht nur »ein moralisches Gesprächsthema« sei wie für die Philosophen seines Jahrhunderts, sondern eine »angewandte Wahrheit«, eine Forderung, die bis heute noch nicht erfüllt ist, was immer wir auch behaupten.

Die hier dem Publikum vorgestellten Dialoge liegen lange zurück. Ein Edelmann, der vor einiger Zeit das Erbe eines Verwandten antrat, fand sie in dem Schloß des Verstorbenen; sie lagen zwischen anderen, ebenfalls sehr alten Papieren verstreut; es ist an ihnen nichts außer ihrer alten Sprache geändert worden, die nach Meinung einiger Gelehrter darauf schließen läßt, daß die Dialoge vor mindestens vier Jahrhunderten geschrieben worden sind. Ihr Verfasser ist unbekannt; man kann nur vermuten, daß sie zur Erziehung eines unserer Könige oder eines zum Herrschen bestimmten Fürsten gedient haben. Doch wie dem auch sei, hier ist der erste dieser Dialoge, dessen Voraussetzungen sehr einfach sind. Ein Erzieher und ein junger Prinz führen ein Gespräch miteinander, beide offensichtlich unter einem erfundenen Namen, denn der Prinz wird Theodosus genannt, und der Erzieher Theophil.

THEOPHIL Das ist eine sehr hübsche ländliche Gegend hier, Prinz; wollen wir etwas verweilen?

THEODOSUS Wie Sie wünschen.

THEOPHIL Sie scheinen mir sehr ernst heute; langweilt Sie unser Spaziergang? Wären Sie lieber bei den jungen Leuten geblieben, die wir eben verlassen haben?

THEODOSUS Ich gebe zu, daß es mir bei ihnen sehr gut gefallen hat.

THEOPHIL Sie sind mir also böse, daß ich Sie hierher geführt habe. Ist es nicht so, daß Sie mich bei tausend Gelegenheiten als einen höchst unbequemen Menschen empfinden? Ich glaube, Sie werden mich kaum noch lieben, wenn Sie endlich von mir befreit sind.

THEODOSUS Warum sagen Sie mir das? Sie täuschen sich.

THEOPHIL Wie oft habe ich bemerkt, daß ich Sie gelangweilt habe, daß ich Ihnen unangenehm war.

THEODOSUS Unangenehm ist übertrieben; Sie haben mich manchmal gestört, gehindert; Sie haben mich Dinge tun lassen, die nicht nach meinem Geschmack waren; doch Ihre Absicht war gut, und ich bin nicht so ungerecht, deshalb böse auf Sie zu sein.

THEOPHIL Das bedeutet, daß mein Beistand und meine Fürsorge mich noch nicht mit Ihnen entzweit haben, daß Sie mir den Eifer und sogar die liebevolle Hingabe verzeihen, mit der ich an Ihrer Erziehung gearbeitet habe: das alles wollen Sie mir zuliebe vergessen.

THEODOSUS Das meine ich nicht, und Sie verdrehen meine Worte; ich habe zugegeben, daß Sie mich manchmal geärgert haben, aber das zählt für mich nicht, ich denke nicht mehr daran und trage es Ihnen nicht nach; was soll ich noch mehr sagen?

THEOPHIL Das müssen Sie selbst beurteilen. Wenn jemand Sie in einer großen Gefahr sähe, aus der er Sie nur befreien könnte, Ihnen nur das Leben retten könnte, indem er Ihnen einen leichten Schmerz zufügte, wäre es dann richtig, wenn Sie sich nach Ihrer Rettung darauf beschränkten, ihm zu sagen: Sie haben mir ein bißchen weh getan, Sie haben mir den Arm ein wenig zu stark gepreßt, aber ich trage es Ihnen nicht nach, ich verzeihe es Ihnen?

THEODOSUS Da haben Sie recht, es wäre schrecklich undankbar; aber darum geht es hier nicht: ich wüßte nicht, daß Sie mir jemals das Leben gerettet hätten.

THEOPHIL Nein, der Dienst, den ich Ihnen zu leisten versucht habe, ist noch viel größer; ich habe Sie vor dem Unglück retten wollen, ohne Verdienste zu leben. Ich habe Fehler an Ihnen beobachtet, die die guten Eigenschaften Ihrer Seele vernichtet hätten, und ich habe gewissermaßen versucht, den besseren Teil von Ihnen am Leben zu erhalten. Das konnte ich nur erfolgreich tun, indem ich Sie verärgerte, Sie manchmal störte; es war Ihnen oft lästig, und das ist der leichte Schmerz, von dem ich eben sprach. Begnügen Sie sich noch damit zu sagen: ich denke nicht mehr daran?

THEODOSUS Nein, Theophil, ich habe mich getäuscht, und ich bereue meine Worte von ganzem Herzen; in Wahrheit schulde ich Ihnen großen Dank.

THEOPHIL Durchaus nicht, ich habe nur meine Pflicht getan; aber es verlangte Mut, sie zu tun. Sie würden mich viel mehr lieben, wenn ich es darauf angelegt hätte; ich hatte es in der Hand, mich Ihnen äußerst angenehm zu machen und für immer Ihr Wohlwollen zu gewinnen. Doch in Wahrheit wäre das nur auf Ihre Kosten gegangen.

THEODOSUS Wieso auf meine Kosten?

THEOPHIL Ja, ich hätte Sie nur zu verraten brauchen, um Ihnen zu gefallen, ich hätte nur Ihre Bildung vernachlässigen, Ihr Herz und Ihren Geist sich selbst überlassen brauchen, ich hätte Sie nur Ihren Launen, Ihrer Ungeduld, Ihren ungestümen Wünschen preisgeben brauchen, Ihrem Widerwillen gegen alles, was nicht Zerstreuung und Vergnügen ist. Sie müssen zugeben, daß der geringste Widerspruch Sie gereizt hat, Ihnen unerträglich war. Und was noch schlimmer ist, es gab eine Zeit, da die Menschen Ihrer Umgebung nur Figuren für Sie waren, die Ihre Augen ergötzten; Sie beachteten nicht, daß es denkende Menschen waren, Menschen, die Sie prüften, die ein Urteil über Sie fällten und die Sie doch lieben wollten, als Gegenstand ihrer Liebe und ihrer Hoffnungen betrachten wollten. Heute kann man Ihnen das sagen, da Sie sich verändert haben und sich entgegenkommend zeigen; darum werden Sie auch geliebt, darum sehen Sie um sich herum nur zufriedene und freundliche Gesichter, nur mit Beifall und Freude gemischte Achtung; aber ich selbst, ich stehe deshalb nicht besser mit Ihnen, weil ich Sie gelehrt habe, mit allen gut zu stehen.

THEODOSUS Wir wollen vergessen, was ich Ihnen vorhin geantwortet habe, ich mißbillige es; aber wenn Sie sagen, Sie hätten mich nur meinen Fehlern zu überlassen brauchen, um mir zu gefallen, wissen Sie denn, ob ich sie Ihnen nicht eines Tages vorgeworfen hätte?

THEOPHIL Nein, Prinz, nein, da war nichts zu befürchten, Sie hätten sie nie erkannt. Um sich bewußt zu werden, daß es einem an Tugenden fehlt, oder um es zu bedauern, muß man erst welche haben; doch Sie hätten keine Tugenden gehabt: die Art Ihrer Erziehung hätte schon dafür gesorgt; und der feige Erzieher, der Ihnen die Mühe erspart hätte, tugendhaft und vernünftig zu werden, der Ihnen das traurige Vergnügen gelassen hätte, ganz nach Ihrem Belieben zu verderben, wäre Ihnen immer als ein äußerst bequemer, umgänglicher Mensch in Erinnerung geblieben und nicht als ein Mensch, dem Sie allenfalls das Gute verzeihen, das er Ihnen angetan hat.

THEODOSUS Sie kommen immer wieder auf etwas zurück, was ich völlig gedankenlos gesagt habe.

THEOPHIL Ja, Prinz, ich vermute manchmal, daß Sie mich wenig lieben, aber dafür wird man Sie lieben, und darüber bin ich froh; das war ich Ihnen schuldig, und das schuldete ich allen anderen. Erinnern Sie sich an eine Stelle in der römischen Geschichte, die wir heute morgen lasen? Soll er mich töten, wenn er nur herrscht, hat Agrippina von Nero gesagt; und ich habe mir gesagt, ohne das vergleichen zu wollen, soll er mich hassen, wenn er nur geliebt wird; soll er mir gegenüber Unrecht haben, wenn er nur seine Ehre nie verletzt und nicht der Vernunft oder den Tugenden gegenüber Unrecht hat, die er besitzen muß.

THEODOSUS Soll er mich hassen, sagen Sie; was denken Sie sich, Theophil; halten Sie mich dessen wirklich fähig?

THEOPHIL Die Art, in der Sie sich dagegen verwahren, scheint mir das Gegenteil zu beweisen.

THEODOSUS Ich werde Sie in der kommenden Zeit noch mehr davon überzeugen, seien Sie dessen gewiß.

THEOPHIL Ich glaube, ich verstehe Sie, Prinz, und bin tief bewegt über diesen Beweis Ihres guten Herzens; doch ich bitte Sie, täuschen Sie sich nicht; ich erinnere Sie nicht an meine Fürsorge, um diese zu rühmen. Wenn ich versuche, sie Ihnen fühlbar zu machen, dann deshalb, damit Sie sie mit Ihrem Vertrauen belohnen und nicht mit Ihren Wohltaten. Wir werden uns bald trennen, und darum müssen Sie mich heute ein wenig lieben, aber Ihretwegen, nicht meinetwegen; denn dann werden Sie mir williger zuhören bei dem, was mir noch zu sagen bleibt, um Ihre Erziehung zu vollenden.

THEODOSUS Dann sprechen Sie, Theophil, ich versichere Ihnen, ich bin ganz in der Stimmung, in der Sie mich haben möchten; ich weiß im übrigen, daß die Zeit drängt und wir nicht mehr lange zusammen sind.

THEOPHIL Und Sie warten darauf, daß ich nicht mehr da

bin, nicht wahr? Sie haben dann keinen Erzieher mehr, Sie sind freier, und das freut Sie, geben Sie es ruhig zu.

THEODOSUS Offen gestanden könnte an dem, was Sie sagen, etwas Wahres sein, wenn ich auch Ihrer Gesellschaft nicht überdrüssig bin; aber man ist gern Herr seiner Handlungen.

THEOPHIL Überlegen wir einmal. Wenn Sie bis heute der alleinige Herr Ihrer Handlungen gewesen wären, hätten Sie vielleicht keine einzige getan, die Ihnen Ehre gemacht hätte; Sie hätten zum Beispiel alle Ihre Fehler behalten.

THEODOSUS Das würde ich sehr bedauern.

THEOPHIL Es ist also ein Glück für Sie, daß Sie nicht Ihr eigener Herr waren. Liegt darin nicht eine Gefahr, daß Sie es heute sind? Mißtrauen Sie nicht Ihrer brennenden Lust, es zu sein? Ohne Zweifel hat Ihr Verstand Fortschritte gemacht; doch hüten Sie sich! Könnte die Ungeduld, von dem Erzieher befreit zu werden, nicht ein Zeichen dafür sein, daß man ihn noch braucht, daß man noch nicht so vernünftig ist, wie man sein sollte? Denn wäre man es, empfände man diesen Erzieher nicht mehr als so unbequem, er würde nicht mehr stören; man wäre mit ihm einverstanden und betrachtete ihn nur noch als Gesellschafter. Was meinen Sie dazu?

THEODOSUS Ich denke über Ihre Worte nach.

THEOPHIL Es ist bei Ihnen nicht wie bei einem gewöhnlichen jungen Mann Ihres Alters, Ihre Freiheit hat ganz andere Folgen. Der junge Mann kann sehr gut daran gehindert werden, lange und über einen bestimmten Punkt hinaus seine Freiheit zu mißbrauchen; doch wer wird Sie daran hindern, die Ihre zu mißbrauchen? Wer wird dieser Freiheit die richtigen Grenzen setzen? Welche Hilfe gibt es gegen Sie selbst außer Ihren Tugenden, Ihrer Vernunft, Ihrer Aufgeklärtheit? Und wenn Sie auch heute über all das verfügen, sind Sie sicher, genügend davon zu haben, um sich nicht vor der absoluten Freiheit fürchten zu müssen? Bedenken Sie, was eine Freiheit bedeutet, die Ihre Jugend und der Umstand, daß Sie mit ihr ungestraft Mißbrauch treiben können, sehr gefährlich machen. Wären Sie nicht von Natur aus gut und großmütig, Prinz, hätten Sie nicht eine so gute Veranlagung, ich würde mit Ihnen nicht so sprechen; doch in Ihnen liegen viele Schätze, ich kenne Sie, Sie müssen nur zum Nachdenken angeregt werden.

THEODOSUS Zum Glück; doch Sie erschrecken mich; ich bekomme allmählich wirklich Angst davor, Sie zu verlieren.

THEOPHIL Diese Angst entzückt mich, sie entsteht aus einem Gefühl, das mehr wert ist als alle Erzieher der Welt. Ach, wie froh ich bin, und welch schöne Seele es beweist!

THEODOSUS An mir soll es nicht liegen, wenn Sie nicht recht behalten. Auf, wir wollen die Zeit nutzen, während der wir noch miteinander denken können; ist sie noch lang?

THEOPHIL Noch einige Monate.

THEODOSUS Das ist sehr wenig.

THEOPHIL Ich versichere Ihnen, es ist mehr als nötig für einen Prinzen, der zu einer solchen Antwort fähig ist, vor allem einem Menschen gegenüber, der ihm die Wahrheit nicht erspart. Aber Sie haben nur noch diese kurze Zeitspanne, um sie zu hören, denn nach mir wird sie Ihnen vielleicht niemand mehr sagen: Sie werden in die Hände von Leuten fallen, deren Liebe zu Ihnen weit geringer ist als der Wunsch, von Ihnen geliebt zu werden, die Ihnen nur gefallen möchten und Sie in nichts belehren wollen, die alles tun werden, um Ihrer Eigenliebe zu schmeicheln und nichts, um Ihrem Verstand zu nützen.

THEODOSUS Aber gibt es keine redlichen Leute, die einen beständigen Charakter haben und eine Ehre, die jeder Versuchung widersteht?

THEOPHIL Gewiß, die gibt es überall, doch stets nur in geringer Zahl.

THEODOSUS Dann werde ich mich bemühen, sie für mich zu gewinnen, werde sie ermutigen, offen mit mir zu sprechen; ich werde ihnen entgegenkommen.

THEOPHIL Sie glauben, Sie kommen ihnen entgegen; aber geben Sie acht, ich warne Sie, es sind gerade diejenigen, die den geringsten Reiz für Sie haben, zu denen Sie die wenigste Zuneigung spüren und die Sie am kältesten behandeln werden.

THEODOSUS Kalt! da ich doch fest entschlossen bin, sie zu lieben und zu achten!

THEOPHIL Diese Entschlossenheit werden Sie bald aufgeben, die Art dieser Leute wird sie Ihnen rasch nehmen. Im übrigen, weil wir gerade davon sprechen, was halten Sie eigentlich von Sostenes? Er ist einer von denen am Hof, die Sie besonders häufig sehen.

THEODOSUS Ein sehr liebenswürdiger Mensch, der einem stets etwas Verbindliches sagt, und es charmant sagt, obwohl schlicht und natürlich. Er gehört zu den Menschen, die ich gern sehe, trotz des Altersunterschieds zwischen uns, und ich bin sicher, auch er hat mich ein wenig gern. Ich fühle es an der Art, mit der er sich mir nähert, mit mir spricht und anhört, was ich sage; ich kenne niemanden, dessen Geist besser mit meinem übereinstimmt.

THEOPHIL Das ist wahr.

THEODOSUS Von Philantes denke ich anders.

THEOPHIL Das glaube ich gern.

THEODOSUS Was für ein Unterschied! dessen Geist ist schroff und unnachgiebig; ich glaube, er achtet nur sich selbst, denn er lobt nie etwas; oder wenn er lobt, dann mit so viel Zurückhaltung und offensichtlich so gezwungen, daß man glaubt, er hätte immer Angst, die Eitelkeit des andern zu vergrößern; er ist stets so wenig wie nur möglich Ihrer Meinung, ebensogut brauchte er es gar nicht zu sein. Vor ein paar Tagen, während Sie draußen auf der Terrasse waren, sagte ich zufällig etwas, worüber alle lachen mußten, wie über einen recht witzigen Einfall; nur er allein senkte die Augen und lächelte zwar, doch so, als sollte man besser nicht lächeln.

THEOPHIL Vielleicht hatte er recht.

THEODOSUS Wie! Recht gegen alle? Können jemals alle Unrecht haben? hat er mehr Verstand als dreißig Leute?

THEOPHIL Ergeben dreißig Schmeicheleien eine Zustimmung? entscheiden sie über etwas?

THEODOSUS Wie Sie meinen; doch Philantes ist nicht mein Mann.

THEOPHIL Und doch sind Sie fest entschlossen, Leute mit beständigem Charakter und einer Ehre, die allen Versuchungen widersteht, zu lieben?

THEODOSUS Gewiß, und ich wiederhole es.

THEOPHIL Nun, Philantes ist einer dieser Menschen, denen Sie entgegenkommen und die sie für sich gewinnen wollen.

THEODOSUS Sie überraschen mich. Diese Redlichkeit hat aber eine sehr unangenehme Art.

THEOPHIL Alle redlichen Menschen gleichen ihm, der Charme der Kriecherei und Falschheit fehlt ihnen; wenn sie vor die Entscheidung gestellt werden, sind sie lieber anständig als angenehm. Sie haben es an Philantes gesehen; er konnte bei dieser Gelegenheit redlicherweise nur das bei Ihnen loben, was er Lobenswertes sah, und hat es vorgezogen, über das andere zu schweigen; die Wahrheit hat ihm nicht erlaubt, Ihrer Eigenliebe alle Befriedigung zu geben, nach der sie verlangt und die Sostenes ihr hemmungslos verschafft hat. Das hat Sie, Prinz, bei Philantes abgestoßen, deshalb haben Sie ihn als kalt empfunden, als wenig liebevoll, schwer zu befriedigen; das ist der Charakter, der Ihnen bei seinesgleichen trocken, streng und kritisch vorkommen wird im Vergleich mit der Geschmeidigkeit von Leuten wie Sostenes, bei denen Sie das starke Bedürfnis entwickeln werden nach Beifall, Beweihräucherung, fast möchte ich sagen Anbetung.

THEODOSUS Sie übertreiben; sollte ich mich als eine Gottheit betrachten? Werden diese Leute mir einreden, ich sei eine?

THEOPHIL Nein, so weit gehen sie nicht, das können sie nicht, und ich glaube, das Beispiel des Kaisers Caligula, dessen Geschichte wir vor einigen Tagen gelesen haben, kann heute niemanden mehr verderben.

THEODOSUS Sie sprechen da von einem überspannten Menschen, von einem von Natur aus verrückten Geist.

THEOPHIL Das stimmt; doch trotz seines schwachen Geistes wäre er als schlichter Bürger nicht in seinen Wahnsinn verfallen; nur sein hoher Rang hat ihn in diesen Taumel versetzt. Heute können Voraussetzungen wie seine die Vernunft nicht mehr so verderben und keine so schrecklichen Wirkungen mehr verursachen; die Religion, unsere moralischen Grundsätze, unsere Aufgeklärtheit verhindern ein solches Vergessen seiner selbst; es ist nicht mehr möglich, sich in einem solchen Maße zu verirren. Doch ist noch nicht jede Gefahr gebannt, und es gibt noch Verblendungen, denen man erliegen kann und die verhindern, daß man sich erkennt; man hält sich zwar nicht für eine Gottheit, doch weiß man nicht genau, was man ist und wofür man sich hält; man definiert sich nicht. Sicher jedoch ist, daß man sich von den andern Menschen weit zu unterscheiden glaubt; man sagt sich nicht: ich bin von anderer Art als sie, doch so, wie man es empfindet, sagt man sich etwas im gleichen Sinn.

THEODOSUS Einen Augenblick, bitte. Würde ich mich also täuschen, wenn ich mich für mehr hielte als die andern Menschen?

THEOPHIL Nein, in einem gewissen Sinn sind Sie bedeutend viel mehr; doch in einem andern sind Sie genau das gleiche wie sie.

THEODOSUS Was für eine traurige und lächerliche Art zu leben! Ich sehe das Ende der Geschichte voraus: der Prinz starb an Langeweile.

THEOPHIL Nein, sein Hochmut stützte und beschäftigte ihn. Sein Vater, der über seine Denkweise verzweifelt war und deren Folgen er kannte, sagte ihm alles, was ihm geeignet schien, um ihn vernünftiger zu machen. Um ihn von seiner Engherzigkeit zu heilen, stellte er sich selbst als Beispiel hin, sich, den König, der regierte und doch für alle erreichbar war, der mit jedem sprach, jedem das Recht gab, mit ihm zu sprechen, und der in seiner Umgebung ebenso viele Freunde hatte wie Untertanen. Doch den Sohn berührte das alles nicht. Er hörte seinem Vater zu, er ließ ihn reden, doch so, wie man einen Greis reden läßt, dessen Geist mit den Jahren nachgelassen hat und dessen Alter man die fehlende Würde in seinen Ermahnungen nachsehen muß.

THEODOSUS Die Erziehung des jungen Prinzen war sicher sehr schlecht gewesen?

THEOPHIL Vielleicht hat sein Erzieher ihn geschont aus Angst, von ihm gehaßt zu werden. Doch wie dem auch sei, der König wußte nicht mehr, was er tun sollte, und gab die Hoffnung fast auf, ihn jemals zu bessern. Und doch gelang es ihm, seine einfallsreiche Zärtlichkeit zeigte ihm ein erfolgreiches Mittel. Ich sagte Ihnen schon, daß der Prinz verheiratet war; ich füge hinzu, daß die junge Prinzessin kurz vor dem Augenblick stand, ihm einen Sohn zu schenken; zumindest glaubte man, es würde einer sein; auch müssen Sie wissen, daß eine ihrer Sklavinnen sich im gleichen Zustand befand wie sie und ebenfalls nur auf den Augenblick wartete, ein Kind zur Welt zu bringen. Der König traf nun bestimmte Maßnahmen, die der Zufall noch begünstigte. Die beiden Mütter bekamen einen Sohn, und mehr noch: das Prinzenkind und das Sklavenkind wurden in der gleichen Viertelstunde geboren.

THEODOSUS Worauf läuft das hinaus?

THEOPHIL Das Sklavenkind wurde sofort in die Räume der Prinzessin getragen und heimlich neben den kleinen Prinzen gelegt; sie lagen beide im gleichen Windelzeug, nur daß man zur Vorsicht den kleinen Prinzen mit einem Zeichen versehen hatte, das allein dem König und seinen Vertrauten bekannt war. ›Zwei Kinder statt einem!‹ schrie alles überrascht, ›was soll das bedeuten? Wer hat gewagt, das andere hierher zu legen? Wieso ist es hier? Und wie soll man jetzt den Prinzen erkennen?‹ Sie können sich den Lärm und die Aufregung nicht vorstellen.

THEODOSUS Eine sehr verwirrende Sache.

THEOPHIL Inzwischen kommt der Prinz voller Ungeduld, seinen Sohn zu sehen, und verlangt, daß man ihn zeige. ›Ach, Seigneur, das ist nicht möglich‹, wird ihm verlegen geantwortet. ›Ihnen ist nur ein Sohn geboren worden, aber wir haben hier zwei Kinder nebeneinander gefunden, da sind sie, und es ist uns vollkommen unmöglich zu sagen, welches von beiden Ihres ist.‹ Der Prinz erbleicht und betrachtet die beiden Kinder. Er seufzt, weil er nicht weiß, welchem der beiden kleinen, noch unförmigen Fleischbündel er entweder seine Liebe oder aber seine Verachtung schuldet. ›He, wer ist der Unverschämte, der es gewagt hat, diesen Schimpf dem Blut seiner Herren anzutun?‹ rief er. Kaum hatte er es gerufen, als der König mit einigen der ehrwürdigsten Fürsten des Reiches erschien. ›Sie sind sehr erregt, mein Sohn‹, sagte er. ›Ich glaube, ich habe sogar gehört, daß Sie sich über einen Ihnen angetanen Schimpf beschwerten. Worum geht es?‹ ›Ach, Seigneur‹, antwortete ihm der Prinz und zeigte auf die beiden Kinder, ›ich bin verzweifelt, es gibt keine Strafe, die einem solchen Verbrechen angemessen wäre. Ich habe meinen Sohn verloren, man hat ihn mit irgendeinem niederen Geschöpf zusammengelegt, das mich hindert, ihn zu erkennen. Retten Sie mich vor der Schande, mich zu täuschen. Derjenige, der diesen Betrug veranlaßt hat, kann nicht weit sein, man suche ihn, man räche mich, und seine Marter soll die ganze Welt in Schrecken versetzen.‹

THEODOSUS Das interessiert mich in höchstem Maße.

THEOPHIL ›Sie brauchen ihn nicht suchen zu lassen, hier ist er, Prinz, ich bin es‹, sagte darauf einer der ehrwürdigen Fürsten. ›Und bei dem, was Sie einen Betrug nennen, hatte ich nur Ihr Ansehen im Auge. Der König beklagt sich darüber, Sie seien zu stolz, er seufzt täglich über Ihre Verachtung den anderen Menschen gegenüber. Um Ihnen beizustehen und den König zu überzeugen, daß Sie die Menschen mit Recht verachten und als eine weit unter der Ihren stehende Art betrachten, habe ich ein neugeborenes Kind entführen und neben Ihren Sohn legen lassen, damit Sie die Gelegenheit haben zu beweisen, daß Sie sich trotz dieser Verwirrung nicht täuschen und eindeutig die Zeichen der Größe erkennen, die Ihr erhabenes Blut von dem gemeinen Blut der andern unterscheidet. Im übrigen habe ich es so eingerichtet, daß die Unterscheidung nicht schwer ist; das Kind, das neben Ihrem liegt, ist nicht einmal der Sohn eines Edelmannes, sondern nur der eines elenden Sklaven. Der Unterschied zwischen ihnen ist also so groß, daß sich Ihr Scharfsinn über die läppische Prüfung gewiß lustig macht.‹

THEODOSUS Ein schlauer Fuchs.

THEOPHIL ›Im übrigen, Prinz‹, fügte er hinzu, ›habe ich mir ein sicheres Mittel vorbehalten, Ihren Sohn wiederzuerkennen, für mich ist er nicht zu verwechseln. Doch falls er es für Sie sein sollte, so erkläre ich Ihnen, daß nichts mich verpflichtet, Ihnen Ihr Kind zu zeigen, außer wenn der König es mir befiehlt.‹ Da sagte der Prinz verlegen, fast mit Tränen in den Augen, zu seinem Vater: ›Befehlen Sie ihm also, Seigneur, daß er ihn mir zurückgibt.‹ ›Ich, Prinz?‹ antwortete ihm der König, ›haben Sie sich überlegt, worum Sie mich bitten? Hat die Natur nicht Ihren

Sohn gezeichnet? Wenn nichts ihn unterscheidet, wenn Sie ihn ohne mein Eingreifen nicht entdecken können, was wird dann aus Ihrer überheblichen Auffassung von Ihrem Blut? Dann müßten Sie auf Ihre Überzeugung verzichten, daß es von einer anderen Art ist als das der übrigen Menschen und zugeben, daß die Natur in dieser Beziehung nichts Besonderes für uns gemacht hat.‹

THEODOSUS Er hat mehr Verstand als ich, wenn er darauf geantwortet hat.

THEOPHIL In der Geschichte heißt es, daß der Prinz einen Augenblick nachzudenken schien und plötzlich ausrief: ›Ich ergebe mich, Seigneur! Sie haben das Mittel gefunden, mich aufzuklären: die Natur bringt nur Menschen hervor und keine Prinzen, ich begreife jetzt, wo meine Rechte ihren Ursprung haben, ich bin zu weit gegangen und erröte über meinen früheren Hochmut.‹ Sogleich nahm der alte Edelmann den kleinen Prinzen und hielt ihn seinem Vater hin, nachdem er aus den Windeln einen Zettel gezogen hatte, der vom König selbst dort versteckt worden war, um das Kind zu erkennen. Weinend vor Freude küßte der Prinz seinen Sohn, dankte tausendmal dem alten Edelmann, der dem König bei seiner harmlosen List geholfen hatte, und verlangte sofort, daß man ihm das Sklavenkind gebe, dessen man sich zu seiner Belehrung bedient hatte. Er küßte es ebenfalls zum Dank für die Erhellung seines Geistes. ›Ich gebe dich frei‹, sagte er zu dem Kind, während er es in seine Arme drückte. ›Du sollst mit meinem Sohn zusammen erzogen werden; ich will ihm erzählen, was ich dir verdanke, du wirst ihm als Lehre dienen, so wie mir, und wirst mir immer teuer bleiben, denn durch dich bin ich vernünftig geworden.‹

THEODOSUS Ihr Prinz erschüttert mich.

THEOPHIL ›Ach, mein Sohn‹, rief da der König gerührt aus, ›heute sind Sie würdig geworden, der Erbe eines

Reiches zu sein! Soviel Verstand und soviel Größe gleichen Ihre früheren Verirrungen wieder aus!‹

THEODOSUS Wie glücklich ich über Ihre Geschichte bin! Sie hat mich mit dem Vergleich eines Lakaien völlig ausgesöhnt; ich verdanke ihr ebensoviel wie der Prinz dem kleinen Sklaven. Aber sagen Sie, Theophil, was Sie eben erzählt haben, und was so wahr ist, wissen es alle Menschen so, wie man es wissen sollte? Ich versuche ein wenig, mich zu entschuldigen. Täuschen sich nicht auch die meisten unserer jungen Leute? Ich merke zwar, daß sie mich über sich stellen, aber ich habe nicht den Eindruck, sie seien davon überzeugt, daß jeder Mensch von Natur aus ihnen gleich ist; sie glauben, es gäbe auch für sie ein besonderes Blut; es ist nicht so edel und vornehm wie meines, aber es gehört auch nicht zu der Art der anderen Menschen; was meinen Sie dazu?

THEOPHIL Nicht nur die jungen Leute wissen nicht, daß in dieser Hinsicht alle gleich sind, sondern auch sehr ernste und gescheite Menschen vergessen es; ich sage, sie vergessen es, denn es ist unmöglich, daß sie es nicht wissen. Spricht man mit ihnen über diese Gleichheit, dann leugnen sie sie nicht, aber sie reden nur über sie und glauben nicht daran, sie ist für sie nur eine Sache der Gelehrsamkeit, ein moralisches Gesprächsthema, aber keine angewandte Wahrheit.

THEODOSUS Ich muß Ihnen noch eine Frage stellen: heißt es nicht häufig, wenn von einem achtenswerten Menschen die Rede ist, da erkenne man den Adel seines Blutes?

THEOPHIL Ja, es gibt Leute, die stellen sich ein Blut vor, das von einer großen Zahl adliger, im Stolz ihres Ranges erzogener Ahnen weitervererbt worden ist; und wenn dieses Blut auch aus einer gemeinsamen Quelle stammt, so hat es ihrer Meinung nach doch in seinem Verlauf gewisse Kennzeichen erhalten, die es von dem Blut unterscheiden, das von Ahnen geringer Herkunft kommt; und es wäre tatsächlich denkbar, daß dadurch Unterschiede entstünden. Doch sind diese Unterschiede vorteilhaft? Bringen sie Tugenden hervor? Tragen sie dazu bei, die Seele besser und vernünftiger zu machen? und folgt die Natur dabei unseren eitlen Vorstellungen? Es wäre Torheit, das zu glauben, um so mehr, da es so viele Beweise für das Gegenteil gibt; begegnet man nicht Leuten der niedrigsten Stände, die bewundernswerte Menschen sind?

THEODOSUS Und zeigt uns die Geschichte nicht der Geburt nach große Herren, die eine unwürdige Seele hatten? Zu dieser Sache ist also alles gesagt: die Natur kennt keine Adligen, sie macht keine Ausnahme für sie.

THEOPHIL Das Schicksal spielt mit ihren Gütern, mit ihren Auszeichnungen, ihre Familie erlischt. Gibt es nicht unendlich viele Geschlechter, und sehr berühmte, die man aus den Augen verloren hat, die zwar von der Natur fortgesetzt werden, doch die vom Glück verlassen sind und deren unbekannte Nachfahren sich in der Menge verlieren, den Acker bebauen oder betteln, während neue, aus dem Staub aufgestiegene Geschlechter heute die Stolzen und Überheblichen spielen und ebenfalls verschwinden werden, um ihrerseits etwas früher oder später wieder anderen Platz zu machen? Das ist ein ständiger Wechsel, der alle erfaßt.

THEODOSUS Wir wollen das Thema wechseln; ich fühle mich so erbärmlich wegen meines Irrtums, da habe ich mich kaum als Prinz verhalten.

THEOPHIL Das gleichen Sie durch Ihr jetziges Verhalten wieder aus. Doch es ist spät, wir wollen zurückgehen, Prinz, und wenn Sie möchten, werden wir morgen das Gespräch fortsetzen.

Lebensdaten und Werke

4. 2. 1688	Geburt in Paris als Sohn eines Beamten
1698	Der Vater wird Kontrolleur (und zwei Jahre später Direktor) der Münze in Riom (Auvergne)
1710	Marivaux schreibt sich an der Juristischen Fakultät in Paris ein. *Le Père prudent et équitable* (Komödie in Versen)
1712	*Les Effets surprenants de la Sympathie* (Roman)
1713-1714	*Pharsamon ou Les nouvelles Folies romanesques* (Roman)
	La Voiture embourbée (Roman)
	Le Bilboquet (Satire)
	Le Télémaque travesti (Roman)
1716	*L'Homère travesti ou l'Iliade en vers bourlesques*
1717	Heirat mit Colombe Bologne
1717-1719	Verschiedene Veröffentlichungen im »Mercure de France«
1718	Geburt einer Tochter, Colombe
	Marivaux bewirbt sich nach dem Tod seines Vaters erfolglos um dessen Posten
	La Mort d'Annibal, einzige Tragödie
	L'Amour et la Vérité (Komödie)
	Arlequin poli par l'Amour (Komödie)
1720	Marivaux verliert durch die Law-Affäre sein gesamtes Vermögen.
1721-1724	(Mit Unterbrechungen) *Le Spectateur français*
1721	Marivaux wird zur juristischen Prüfung zugelassen
1722	*La Surprise de l'Amour* (Komödie)
1723	*La Double Inconstance* (Komödie)
	Tod seiner Frau
1724	*Le Prince travesti* (Komödie)
	La Fausse Suivante (Komödie)
	Le Dénouement imprévu (Komödie)
1725	*L'Ile des Esclaves* (Komödie)
	L'Héritier de Village (Komödie)
1727	*L'Indigent philosophe*
	L'Ile de la Raison (Komödie)
	La seconde Surprise de l'Amour (Komödie)
1728	*Le Triomphe de Plutus* (Komödie)
1729	*La Nouvelle Colonie ou La Ligue des Femmes* (Komödie)
1730	*Le Jeu de l'Amour et du Hasard* (Komödie)
1731-1742	*La Vie de Marianne* (Roman)

1731	*La Réunion des Amours* (Komödie)
1732	*Le Triomphe de l'Amour* (Komödie)
	Les Serments indiscrets (Komödie)
	L'Ecole des Mères (Komödie)
1733	*L'Heureux Stratagème* (Komödie)
1734	*Le Cabinet du Philosophe*
	La Méprise (Komödie)
	Le Petit-maître corrigé (Komödie)
1734-1735	*Le Paysan parvenu* (Roman)
1735	*La Mère confidente* (Komödie)
1736	*Le Legs* (Komödie)
1737	*Les Fausses Confidences* (Komödie)
1738	*La Joie imprévue* (Komödie)
1739	*Les Sincères* (Komödie)
1740	*L'Epreuve* (Komödie)
1741	*La Commère* (Komödie)
1743	Aufnahme in die Académie Française
1744	Mietet sich als Pensionär bei Mademoiselle de la Chapelle Saint-Jean ein
	Verschiedene Vorträge in der Académie Française (Réflexions sur Thucydide, Réflexions sur les hommes etc.)
	La Dispute (Komödie)
1745	Marivaux' Tochter tritt in ein Kloster ein
1746	*Le Préjugé vaincu* (Komödie)
1748-1751	Vorträge in der Académie Française (Réflexions sur l'Esprit humain etc.)
1750	*La Colonie* (Komödie)
1754	*L'Education d'un Prince* (Dialog)
1755	*Le Miroir* (Essay)
	La Femme fidèle (Komödie)
1757	*Félicie* (Komödie)
	Les Acteurs de bonne Foi (Komödie)
1761	*La Provinciale* (Komödie)
12. 2. 1763	Tod nach langer Krankheit

Quellennachweise

Die Kutsche im Schlamm

Aus: Die Kutsche im Schlamm. Eine abenteuerliche Erzählung. Herausgegeben und deutsch von Gerda Scheffel. Haffmans Verlag AG Zürich 1985.

Die Abenteuer des jungen Brideron

Aus: Die Abenteuer des jungen Brideron. Eine Parodie. Aus dem Französischen übersetzt und mit einem Nachwort herausgegeben von Gerda Scheffel. © Insel Verlag Frankfurt am Main 1988.

Über den Vorzug dicker Bücher
Über Frauen, Liebe und Ehe
Über Kindererziehung
Über die Behandlung eines alten Vaters
Über doppelte Moral – private und öffentliche
Über falsche Wertschätzung
Über die Kunst des Diskutierens

Aus: Betrachtende Prosa. Aus dem Französischen übersetzt und mit einem Nachwort herausgegeben von Gerda Scheffel. © Insel Verlag Frankfurt am Main 1979, 1988.

Die falsche Zofe
Falsche Geständnisse
Die Kolonie

Aus: Das Spiel von Liebe und Zufall und andere Komödien. Aus dem Französischen übersetzt und mit einem Nachwort herausgegeben von Gerda Scheffel. © Insel Verlag Frankfurt am Main 1985.

Zu dieser Ausgabe

insel taschenbuch 2223: Pierre Carlet de Marivaux, »Die Kunst, in den Köpfen der Menschen zu lesen«. Die vorliegende Textauswahl erschien erstmals 1990 im Insel Verlag.
Umschlagabbildung: Giambattista Piazzetta, ca. 1740.

Französische Literatur im insel taschenbuch

Alain: Im Haus des Menschen. Betrachtungen. Übersetzt und mit einem Nachwort herausgegeben von Franz Joseph Krebs. it 1922
– Sich beobachten heißt sich verändern. Betrachtungen. Auswahl, Übersetzung und Nachwort von Franz Josef Krebs. Neuübersetzung. it 1559

Honoré de Balzac: Die alte Jungfer. Aus dem Französischen von Hedwig Lachmann. it 1904
– Das Chagrinleder. Aus dem Französischen von Hedwig Lachmann. it 1918
– Die Chuoans - Rebellen des Königs. Aus dem Französischen von Johannes Schlaf. it 1917
– Eine dunkle Affaire. Aus dem Französischen von Felix Paul Greve. it 1920
– Eugénie Grandet. Aus dem Französischen von Gisela Etzel. Herausgegeben von Eberhard Wesemann. it 1127
– Eugénie Grandet. Vorwort zur menschlichen Komödie von Balzac. Einleitung von Hugo von Hoffmannsthal. it 1901
– Die Frau von dreißig Jahren. Aus dem Französischen von Hedwig Lachmann. it 1914
– Die Geschichte der Dreizehn. Aus dem Französischen von Ernst Hardt. it 1907
– Glanz und Elend der Kurtisanen. Aus dem Französischen von Felix Paul Greve. it 1908
– Gobseck. Das Haus zu ›Ballspielenden Katze‹. Aus dem Französischen von Johannes Schlaf. it 1913
– Ein Junggesellenheim. Aus dem Französischen von Felix Paul Greve. it 1903
– Der Landarzt. Aus dem Französischen von Felix Paul Greve. it 1915
– Die Lilie im Tal. Aus dem Französischen von René Schickele. it 1916
– Oberst Chabert. Aus dem Französischen von Felix Paul Greve. it 1912
– Pierrette. Aus dem Französischen von Christina Mansfeld. it 1905
– Tante Lisbeth. Aus dem Französischen von Arthur Schurig. it 1909
– Tolldreiste Geschichten. Aus dem Französischen von Benno Rüttenauer. Mit Illustrationen von Gustave Doré. it 911
– Ursule Mirouet. Aus dem Französischen von Johannes Schlaf. it 1902
– Vater Goriot. Aus dem Französischen von Gisela Etzel. it 1911
– Das verfluchte Kind. Aus dem Französischen von Erika Wesemann, Karla Büschel und Felix Paul Greve. it 1919
– Verlorene Illusionen. Aus dem Französischen von Hedwig Lachmann. it 1906

152/1/12.96

Französische Literatur im insel taschenbuch

Honoré de Balzac: Vetter Pons. Aus dem Französischen von Franz Franzius. it 1910

Charles Baudelaire: Die Blumen des Bösen. Übertragen von Carlo Schmid. it 120

Pierre Augustin Caron de Beaumarchais: Die Figaro-Trilogie. Der Barbier von Sevilla oder Die nutzlose Vorsicht. Der tolle Tag oder Figaros Hochzeit. Die Schuld der Mutter oder Ein zweiter Tartuffe. Deutsch von Gerda Scheffel. Nachwort von Norbert Miller. Mit zeitgenössischen Illustrationen. it 228

George Clémenceau: Claude Monet. Betrachtungen und Erinnerungen eines Freundes. Mit farbigen Abbildungen und einem Nachwort von Gottfried Boehm. it 1152

Alphonse Daudet: Briefe aus meiner Mühle. Aus dem Französischen von Alice Seiffert. it 446

– Tartarin von Tarascon. Die wunderbaren Abenteuer des Tartarin von Tarascon. Mit 45 Zeichnungen von Emil Preetorius. it 84

Denis Diderot: Die Nonne. Mit einem Nachwort von Robert Mauzi, die Übersetzung des Nachworts besorgte Margaret Carroux. it 31

Alexandre Dumas fils: Die Kameliendame. Aus dem Französischen von Walter Hoyer. Mit Illustrationen von Paul Gavarni. it 546

Alexandre Dumas père: Die drei Musketiere. Aus dem Französischen von Herbert Bräuning. it 1131

– Der Graf von Monte Christo. 2 Bde. Bearbeitung einer alten Übersetzung von Meinhard Hasenbein. Mit Illustrationen von Pavel Brom und Dagmar Bromova. it 266

Gustave Flaubert: Bouvard und Pécuchet. Aus dem Französischen übersetzt von Georg Goyert. Mit Illustrationen von András Karakas. Mit einem Vorwort von Victor Brombert und einem Nachwort von Uwe Japp. it 373

– Bouvard und Pécuchet. it 1861

– Drei Erzählungen. it 1862

– Lehrjahre des Gefühls. Geschichte eines jungen Mannes. Übertragen von Paul Wiegler. Mit einem Essay und einer Bibliographie von Erich Köhler. it 1863

– Madame Bovary. Aus dem Französischen von Maria Dessauer. it 1864

– November. Aus dem Französischen von Ernst Sander. Mit einem Nachwort von Monika Bosse. it 1765 und it 1865

– Reise in den Orient. Aus dem Französischen von Reinhold Werner und André Stoll. it 1866

152/2/12.96

Französische Literatur
im insel taschenbuch

Gustave Flaubert: Salammbô. Herausgegeben und mit einem Nachwort versehen von Monika Bosse und André Stoll. Aus dem Französischen übersetzt von Georg Brustgi. it 342 und it 1867

– Ein schlichtes Herz und andere Erzählungen. Aus dem Französischen von Cora van Kleffens und André Stoll. Großdruck. it 2314

– Die Versuchung des heiligen Antonius. Aus dem Französischen von Barbara und Robert Picht. it 1868

Edmond und Jules de Goncourt: Tagebücher. Übertragen und herausgegeben von Justus Franz Wittkop. Mit zeitgenössischen Abbildungen. it 1834

Victor Hugo: Der Glöckner von Notre-Dame. Roman. Aus dem Französischen von Else von Schorn. Mit zeitgenössischen Illustrationen. it 1781

Choderlos de Laclos: Schlimme Liebschaften. Mit 14 Kupferstichen. Übertragen und eingeleitet von Heinrich Mann. it 12

Jean de La Fontaine: Die schönsten Fabeln. Aus dem Französischen von Thomas Keck. Mit farbigen Illustrationen von Rolf Köhler und einem Nachwort von Jürgen von Stackelberg. it 1451

Guy de Maupassant: Bel-Ami. Aus dem Französischen von Josef Halperin. Mit zeitgenössischen Illustrationen. it 280

Prosper Mérimée: Carmen. Mit Zeichnungen von Pablo Picasso. Aus dem Französischen übersetzt von Franz Schnabel. it 361

Honoré-Gabriel Mirabeau: Der gelüftete Vorhang oder Lauras Erziehung. Aus dem Französischen von Eva Moldenhauer. Nachbemerkung von Norbert Miller. it 32

Molière: Der eingebildete Kranke. Aus dem Französischen von Johanna Walser und Martin Walser. it 1014

– Der Menschenfeind. Nach dem Französischen des Molière von Hans Magnus Enzensberger. it 401

Michel de Montaigne: Essais. Herausgegeben und mit einem Nachwort versehen von Ralph-Rainer Wuthenow. Revidierte Fassung der Übertragung von Johann Joachim Bode. it 220

– Tagebuch einer Reise durch Italien. Aus dem Französischen von Otto Flake. it 1074

Blaise Pascal: Größe und Elend des Menschen. Aus den »Pensées«. Auswahl, Übersetzung und Nachwort von Wilhelm Weischedel. it 441

Renate Wiggershaus: Marcel Proust. Leben und Werk in Texten und Bildern. it 1348

152/3/12.96

Französische Literatur im insel taschenbuch

François Rabelais: Gargantua und Pantagruel. Mit Illustrationen von Gustave Doré. Herausgegeben von Horst und Edith Heintze. Erläutert von Horst Heintze und Rolf Müller. 2 Bände. Übersetzung auf Grund der maßgebenden französischen Ausgabe, unter Benutzung der deutschen Fassung von Ferdinand Adolf Gelbcke. it 77

Arthur Rimbaud: Sämtliche Werke. Französisch und deutsch. Übertragen von Sigmar Löffler und Dieter Tauchmann. Mit Erläuterungen zum Werk und einer Chronologie zum Leben Arthur Rimbauds, neu durchgesehen von Thomas Keck. it 1398

Jean-Jacques Rousseau: Bekenntnisse. Aus dem Französischen von Ernst Hardt. Mit einer Einführung von Werner Krauss. it 823

Marquis de Sade: Justine oder Die Leiden der Tugend. Mit einem Essay von Albert Camus. Aus dem Französischen von Raoul Haller. it 1257

– Verbrechen der Liebe. Heroische und tragische Novellen. Aus dem Französischen von Christian Barth. it 1448

George Sand: Geschichte meines Lebens. Aus ihrem autobiographischen Werk ausgewählt und mit einer Einleitung versehen von Renate Wiggershaus. it 313

– Indiana. Aus dem Französischen von A. Seubert. Mit einem Essay von Annegret Stopczyk. it 711

– Lélia. Aus dem Französischen von Anna Wheill. Mit einem Essay von Nike Wagner. it 737

– Lucrezia Floriani. Roman. Aus dem Französischen von Anna Wheill. it 858

Misia Sert: Pariser Erinnerungen. Aus dem Französischen von Hedwig Andertann. Mit einem Bildteil. it 1180

Madame de Sévigné: Briefe. Herausgegeben und übersetzt von Theodora von der Mühl. Mit zeitgenössischen Kupferstichen. it 395

Anne Germaine Madame de Staël: Über Deutschland. Vollständige und neu durchgesehene Fassung der deutschen Erstausgabe von 1814 in der Gemeinschaftsübersetzung von Friedrich Buchholz, Samuel Heinrich Catel und Julius Eduard Hitzig. Herausgegeben und mit einem Nachwort versehen von Monika Bosse. Mit einem Register, Anmerkungen und einer Bilddokumentation. it 623

Stendhal: Die Kartause von Parma. Vollständige Ausgabe. Aus dem Französischen von Arthur Schurig. it 1222

– Rot und Schwarz. Vollständige Ausgabe. Aus dem Französischen von Arthur Schurig. Mit einem Nachwort von Uwe Japp. it 1210 und it 1642

– Über die Liebe. Vollständige Ausgabe. Aus dem Französischen und mit einer Einführung von Walter Hoyer. it 124

152/4/12.96

Französische Literatur im insel taschenbuch

Paul Verlaine: Poetische Werke. Französisch und deutsch. Übertragen von Sigmar Löffler. it 1556

François Villon: Sämtliche Dichtungen. Zweisprachige Ausgabe. Aus dem Französischen von Walther Küchler. it 1039

Voltaire: Candide oder der Optimismus. Mit Zeichnungen von Paul Klee. it 11

– Sämtliche Romane und Erzählungen. Mit einer Einleitung von Victor Klemperer und Stichen von Moreau le jeune. Aus dem Französischen übersetzt von Ilse Lehmann. it 209

Emile Zola: Das Geld. Aus dem Französischen von Leopold Rosenzweig. it 1749

– Germinal. Aus dem Französischen von Armin Schwarz. Mit Illustrationen von Renate Sendler-Peters. it 720

– Nana. Aus dem Französischen und mit einem Nachwort versehen von Erich Marx. Illustrationen von Renate Sendler-Peters. it 398 und it 1646

– Thérèse Raquin. Aus dem Französischen von Ernst Hardt. it 1146

152/5/12.96

Philosophie
im insel taschenbuch

Alain: Im Haus des Menschen. Betrachtungen. Übersetzt und mit einem Nachwort herausgegeben von Franz Joseph Krebs. it 1922

– Sich beobachten heißt sich verändern. Betrachtungen. Auswahl, Übersetzung und Nachwort von Franz Josef Krebs. Neuübersetzung. it 1559

Augustinus: Bekenntnisse. Lateinisch und deutsch. Eingeleitet, übersetzt und erläutert von Joseph Bernhart. Mit einem Vorwort von Ernst Ludwig Grasmück. it 1002

Francis Bacon: Essays. Herausgegeben und mit einem Nachwort versehen von Helmut Winter. it 1514

Jakob Böhme: Aurora oder Morgenröte im Aufgang. Herausgegeben von Gerhard Wehr. it 1411

– Christosophia. Ein christlicher Einweihungsweg. Herausgegeben von Gerhard Wehr. it 1412

– Theosophische Sendbriefe. Herausgegeben von Gerhard Wehr. it 1786

– Von der Gnadenwahl. Herausgegeben von Gerhard Wehr. it 1738

– Von der Menschwerdung Christi. Herausgegeben von Gerhard Wehr. it 1737

Boethius: Trost der Philosophie. Zweisprachige Ausgabe. Lateinisch und deutsch. Mit einem Nachwort von Ernst Ludwig Grasmück. it 1215

Paul Davies: Der Plan Gottes. Die Rätsel unserer Existenz und die Wissenschaft. Aus dem Englischen von Anita Ehlers. it 1934

Denken mit Diderot und anderen Philosophen. Herausgegeben von Horst Günther. it 1746

Epiktet: Wege zum glücklichen Handeln. Aus dem Lateinischen von Wilhelm Capelle. it 1458

– Wege zum glücklichen Handeln. Aus dem Lateinischen von Wilhelm Capelle. Mit einem Nachwort von Manfred Fuhrmann. Großdruck. it 2359

Epikur: Philosophie der Freude. Briefe, Hauptlehrsätze, Spruchsammlung, Fragmente. Übertragen und mit einem Nachwort versehen von Paul M. Laskowsky. it 1057

Die Erfindung des Universums. Neue Überlegungen zur philosophischen Kosmologie. Herausgegeben von Walter Saltzer, Peter Eisenhardt, Dan Kurth und Rainer E. Zimmermann. Mit etwa 50 Abbildungen. it 1933

Hippokrates: Der Eid des Arztes. Vom Gelöbnis, Leben zu erhalten. Griechisch und deutsch. Neu übersetzt und herausgegeben von Kurt Steinmann. it 1882

167/1/12.96